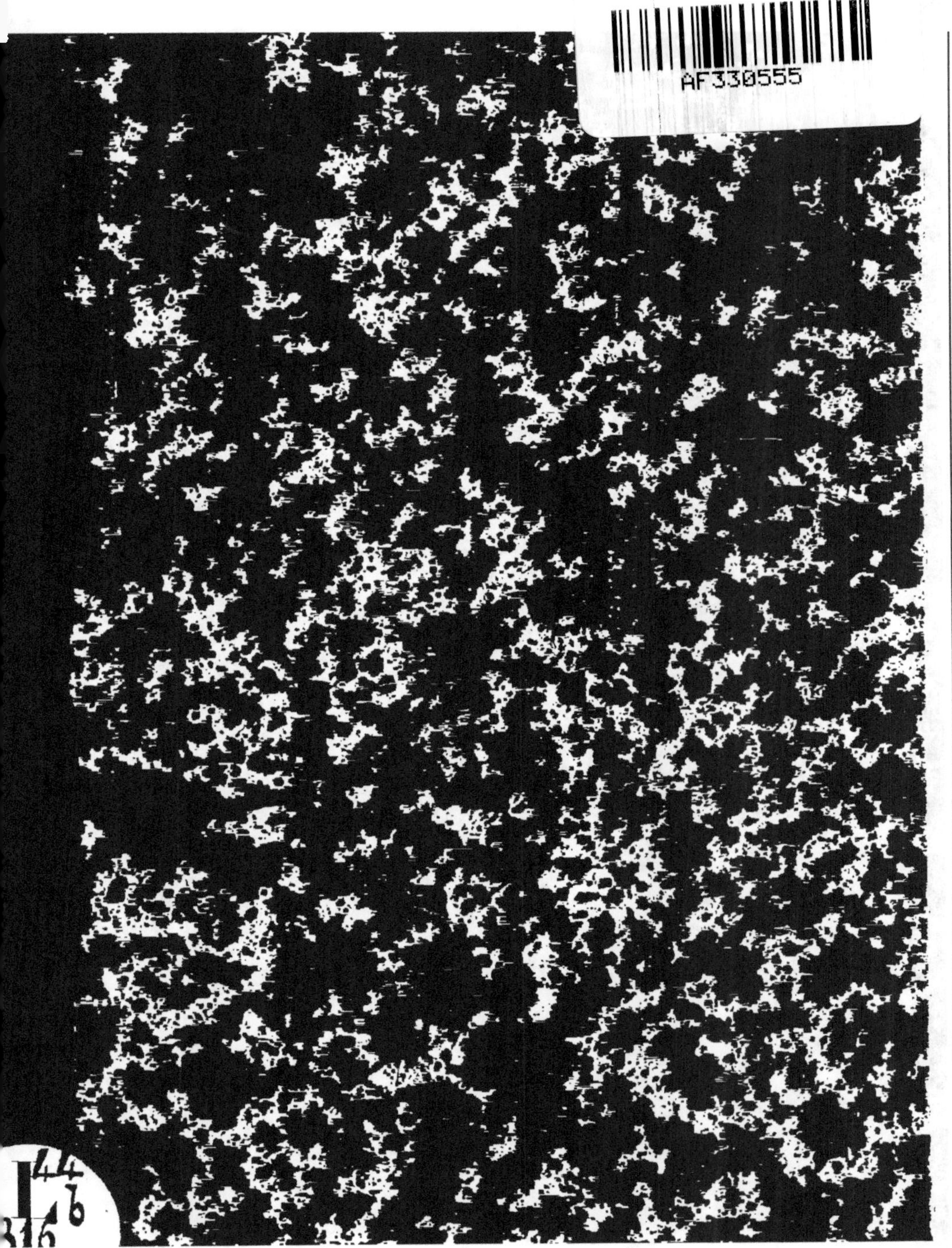

PÈLERINAGE

A

S^{TE} HÉLÈNE

EN 1826

PAR

VOLCY BOZE

« Mon nom vivra autant que celui de Dieu. »

NAPOLÉON.

MARSEILLE

IMPRIMERIE GÉNÉRALE, J. DOUCET

1, rue Chevalier-Rose, 1

1879

Prisonnier sur un autre émisphère, je n'ai plus à défendre
que la réputation que l'histoire me prépare. Elle dira qu'un
homme pour qui tout un peuple s'est dévoué, ne devait pas
être si dépourvu de mérite que ses contemporains le préten-
dent.

(Paroles de Napoléon à Ste Hélène)

A S. A.

MONSEIGNEUR LE PRINCE IMPÉRIAL

A CHISLEHURST

(Angleterre).

Marseille, le 16 Mars 1879.

Monseigneur,

Cet écrit, que je dépose très-respectueusement aux pieds de Votre Altesse Impériale, m'a été inspiré par l'horrible captivité de votre grand oncle, Napoléon Ier, à Sainte-Hélène ; par la touchante et brève existence de votre cousin, Napoléon II, à Schœnbrunn ; par l'exil immérité de votre regretté père, Napoléon III, de votre noble mère, S. M. l'Impératrice Eugénie, ma très-gracieuse Souveraine, et de Votre Altesse Impériale, à Chislehurst.

Bien que Sainte-Hélène ait perdu de son prestige depuis que les cendres de Napoléon Ier « reposent sur les bords de la Seine, au milieu de ce peuple français qu'il a tant aimé », cette île célèbre n'en laissera pas moins dans l'histoire des souvenirs de tristesse qui s'effaceront difficilement du cœur de notre France, restée quand même dévouée à votre illustre famille.

Puisse ce travail être agréé par Votre Altesse Impériale. Ce sera, n'en doutez pas, Monseigneur, la plus précieuse et la plus pure récompense à laquelle ose prétendre mon inébranlable attachement à la noble et glorieuse dynastie des Napoléons, dont vous êtes le digne héritier.

Je suis avec le plus profond respect,

Monseigneur,

de Votre Altesse Impériale,
le très-humble, très-dévoué et très-fidèle serviteur,

VOLCY BOZE.

AVANT-PROPOS

Ce fut vers la fin de 1825 que je quittais l'île Maurice, mon pays natal. Je me rendais en France par le navire l'*Harmonie*, de St-Valéry, commandé par le capitaine Perrée, du même port, et dont le consignataire, à Marseille, était M. Wulfran-Puget, un des plus riches et des plus intègres négociants de cette ville.

Je n'ai pas l'intention de relater ici les incidents journaliers du bord pendant un voyage qui dura cent dix jours.

J'abandonnerai donc la partie nautique et me bornerai à faire connaître les noms et les faits des personnes composant l'état-major, ceux des passagers de l'*Harmonie* et surtout la relation détaillée et exacte de mon séjour à Sainte-Hélène.

Peut-être que quelques-uns de mes lecteurs trouveront certains récits un peu longs ; mais, je suis convaincu que d'autres, et ce sera le plus grand nombre, seront enchantés de parcourir avec moi ces pages qui, écrites de *visu et de auditu*, ne sont nullement l'effet d'un narrateur laissant courir sa plume au gré d'une imagination fantaisiste. Non, je serai l'historien s'attachant strictement à ce qu'il a vu et entendu par lui-même lors de son séjour sur ce rocher perdu au milieu du grand Océan Atlantique, où a séjourné et où est mort le génie, le plus prodigieux des temps modernes.

Mon âme française frémit avec orgueil, et le nom de NAPOLÉON va s'échapper de mes lèvres.

Il y a des hommes dont le nom seul frappe notre imagination, élève notre pensée et le remplit d'enthousiasme : tels, Alexandre, César, Charlemagne et Napoléon. Avec ces noms on soumet l'Asie, l'Afrique, la Gaule, l'Allemagne et l'Europe entière ; on encourage les arts, les sciences, les lettres, l'industrie ; on fait faire un pas de plus aux siècles vers toutes les connaissances humaines, vers cette gloire incompréhensible, destinée à étonner la postérité.

Par son élévation, ses victoires, sa captivité, Napoléon surpassa les héros que je viens de citer, et lorsqu'on étudie l'existence de ce grand homme et qu'on se rend compte de ce que ce génie a fait pour la France et la civilisation, on est forcé de lui accorder une admiration sans bornes. Ce héros devient dès lors l'objet de notre vénération.

J'offre donc, à ceux qui me feront l'honneur de parcourir ces notes, l'attrait de la plus stricte véracité. C'est là, sans contredit, un de ces rares mérites que l'on ne rencontre pas toujours dans les relations verbales ou écrites de bon nombre de voyageurs.

PREMIÈRE PARTIE

Le trois mâts l'*Harmonie*, de Saint-Valéry-sur-Somme, était sur rade du Port Louis depuis environ un mois.

Ce navire, jaugeant près de 500 tonneaux, était commandé par M. Jean-Baptiste Perrée, capitaine au long-cours.

Les feuilles commerciales annoncèrent son départ prochain pour Marseille.

Mon père qui avait l'intention de se rendre en France pour des affaires personnelles, alla visiter le navire afin de bien s'assurer de sa solidité et de son installation.

Il y fit la connaissance du capitaine Perrée, et il quitta le pont de l'*Harmonie* enchanté de son commandant et de l'emménagement parfait du navire.

En arrivant à la maison, mon père donna ordre à son domestique malais, nommé Azor, de m'emmener auprès de lui.

Azor vint me chercher au jardin, où je me trouvais avec ma mère et mon petit noir Félix.

Dès que je parus :

— Mon enfant, j'ai une grande nouvelle à t'annoncer.

— Laquelle, père ?

— Je pars sous peu pour la France, et tu feras le voyage avec moi.

— Pour la France ! Et que fait-on en France, père ?

— Ce qu'on y fait, je vais te l'apprendre. Tu grandis chaque jour. Il est temps que je songe à ton éducation. Je te conduirai à Paris où tu entreras dans le premier collège de cette grande ville.

— Et quel collège ?

— Sainte-Barbe.

— Sainte-Barbe, où se trouve mon compatriote Mailloux.

— Oui, mon enfant.

— Oh ! alors, je veux bien. Mais, maman, dis-je à mon père après un moment de réflexion, partira aussi avec nous ?

— Non, mon enfant. Ta mère restera ici et attendra mon retour d'Europe.

— Et je serai longtemps sans la voir ?

— Peut-être oui, peut être non. Maintenant que tu sais que tu pars avec moi, vas retrouver ta mère et dis-lui que je désire lui parler.

Je courus aussi vite que mes jambes de sept ans me le permirent :

— Maman, petit père a à t'annoncer une grande nouvelle.

— Laquelle ?

— Viens, il te la dira lui-même.

Et ma mère me prit par la main.

En arrivant dans le salon je laissais mes parents en tête à tête et retournais au jardin en courant. J'étais aussi insouciant, aussi indifférent au sujet de la grande nouvelle que je venais d'apprendre, que si on m'avait dit : Enfant, demain vous irez passer la journée à Flac, aux Pamplemousses, au Réduit, à Moka ou à la rivière Noire.

Est-ce que ma jeune imagination pouvait se faire une idée juste de cette immensité qu'on nomme l'Océan ? Est-ce que je pouvais mesurer l'énorme distance qui sépare Maurice de la France ? La mer ! la mer n'était pas inconnue pour moi, puisque je la voyais chaque jour. La France ! Paris ! chaque jour ausssi j'entendais parler mille fois de ces deux beaux pays ; mais pouvais-je croire que la France était plus belle que Maurice et Paris plus brillant que Port-Louis ?

Dès que ma mère apprit par mon père qu'il m'emmenait avec lui, elle versa d'abondantes larmes. Lorsqu'elle revint au jardin, elle avait les yeux bien rouges et elle m'embrassa longtemps, bien longtemps.

Puis, les pleurs la calmèrent et elle me disait sans cesse : — Mon enfant, tu vas me quitter, pour longtemps peut-être, mais c'est dans ton intérêt. En me séparant de toi, je fais un grand sacrifice, mais il le faut.

— Alors, ne pleure plus, mère, car tu me fais de la peine.

— Tu as raison, mon enfant.

Et ma mère m'embrassa plus tendrement encore.

Quand ma mère fut plus calme, mon noir Félix me dit :

« Maitre, Grand Blenc, missié papa à vous qui ça causé vous ?

« Tu veux savoir ce que me disait mon père tout à l'heure. Apprends qu'il part bientôt pour la France et qu'il m'emmène avec lui.

Le noir prit mes deux mains qu'il embrassa avec tendresse, et en relevant sa tête je m'aperçus qu'il avait des larmes aux yeux : « En France ! alors pitit blanc, maître à moi quitte noir à lui pour toujours ?

« Rassures-toi, mon bon Félix, ce ne sera pas pour longtemps. Je reviendrai encore à Maurice. »

« Tant mieux, maître. Ca fendé mon lit quer quand moi pensé n'a plus jamais voir vous. »

Puis, avec l'insouciance de notre âge, Félix et moi, nous nous remîmes à jouer.

Dès le lendemain, ma mère s'occupa de mon petit trousseau, et comme tout était arrêté et réglé avec le capitaine, nous allâmes deux jours après nous installer à bord de l'*Harmonie* dont l'état-major se composait de MM. Perrée J.-B de St-Valery (Somme) capitaine commandant ; Bambine, de St-Valéry, capitaine

en second ; Taffe, de Marseille, lieutenant ; Perrée
fils, de St-Valéry, novice.

Les passagers étaient : MM. Deville, de Paris ; Maurine Joseph, de Roquebrune (Var) ; Martin, de Marseille ; Garbes, de Brignoles (Var) : Malgontier, de
l'île Maurice ; Boze Pierre, de Martigues (B.-du-R.) ;
Boze Volcy, de Maurice ; Azor, de Batavia, domestique
de mon père, plus quatorze hommes d'équipage.

Aussitôt que tout fut prêt, le Capitaine Perrée
donna l'ordre du départ. Le pilote fit hisser le grand
foc et larguer le petit hunier. Les voiles furent déplo-
yées et l'*Harmonie*, n'étant plus retenu par aucune
amarre, glissa légèrement et sans secousse sur une
mer aussi unie qu'une glace de St-Gobin.

Je saluai ma patrie avec la plus vive émotion,
mais ayant au fond du cœur comme un pressenti-
ment inné que je ne devais plus la revoir.

« Le moment du départ est un moment de trouble
qui étourdit le cœur et l'esprit, et ne leur permet pas
de sentir dans toute leur amertume les séparations
les plus cruelles. C'est lorsque le calme est revenu,
et qu'on est seul, que la douleur devient poignante,
et qu'on apprécie complètement ce qu'on a perdu, ce
qu'on quitte, ce qu'on ne reverra peut-être plus » (1).
Une tristesse muette et profonde régna parmi le petit
nombre de personnes qui se trouvaient à bord ; car
chacune d'elles laissait des parents, une femme, des
enfants et des amis dévoués.

Quant à moi je m'éloignais de la meilleure des
mères, de mon excellent grand père et de beaucoup
d'autres parents qui avaient toujours eu pour moi
toutes les sollicitudes et les attentions les plus affec-
tueuses.

Il m'était donc impossible, quoique jeune, d'affi-
cher une indifférence que mon âge ne pouvait connaître encore. Je me mis à pleurer et les larmes
furent pour moi un grand soulagement.

(1) THIERS. *Histoire du Consulat et de l'Empire* livre LXII

Nous nous trouvâmes bientôt en dehors des navires qui étaient ancrés dans la rade.

Parvenu à l'endroit qu'on appelle le Pavillon, le pilote s'embarqua dans sa chaloupe et s'éloigna de nous en nous souhaitant un bon voyage et une heureuse traversée.

Une jolie brise d'Est nous accompagna en dehors de toutes les pointes que nous devions doubler Au coucher du soleil le capitaine Perrée estimait que nous devions nous trouver à huit lieues de Port Louis.

Je restai sur le pont avec mon père, nous plaisant à contempler les hauts sommets des montagnes de mon pays natal et à voir défiler autour de nous de nombreux navires allant à la haute mer ou se rendant à Maurice

Puis la nuit vint et Maurice que nous venions de quitter ne parut plus que comme un point noir à l'horizon.

A dix heures chaque passager prit la route de sa cabine en se promettant d'être le lendemain debout. sur le pont, dès la première heure.

La cabine de mon père avait deux couchettes superposées. Je pris place sur celle en dessous ; mais, il me fut impossible de fermer les yeux de toute la nuit, tant les émotions de la veille avaient jeté du trouble dans mon âme.

A cinq heures du matin mon père et moi fûmes sur pieds et nous montâmes sur le tillac.

Mon premier regard fut pour sonder l'horizon.

Je cherchais à pénétrer, si dans cette immensité qui environnait de partout notre navire, je n'apercevrais pas encore la terre ; mais le chemin que nous avions parcouru pendant la nuit nous en avait tellement éloigné que je ne vis plus rien. si ce n'est, dans le lointain, les hauts sommets des pics des Salazes de Bourbon, en ce moment presque cachés par d'énormes nuages.

Peu à peu, les passagers sortirent de leurs cabines

et vinrent nous rejoindre. Quelques uns avaient le
mal de mer, et à tel point que lorsque le domestique
du bord nous prévint que le déjeuner était servi, plus
de la moitié des convives manqua à l'appel.

Dans la matinée nous perdîmes tout à fait la vue
des Salazes.

La mer devint houleuse. Le temps changea, les
vents se renforcèrent et notre navire fatigua beaucoup.
Les passagers qui avaient résisté au mal de mer
depuis notre départ en furent atteints, et moi comme
tous mes compagnons, je payai mon tribut à Neptune.
Heureusement que cette indisposition n'est ni dange-
reuse ni de longue durée. Cela est tellement vrai
qu'au bout de deux ou trois jours tout le monde fut
rétabli et on ne pensa plus à ce mal atroce, horrible,
incompréhensible, innénarrable, intraduisible, qui
vous fait tomber dans une prostration physique et
morale indéfinissable.

Le premier de l'an, après s'être réciproquement
souhaité la bonne année, le capitaine Perrée envoya
ses compliments à un trois-mâts qui se trouvait à
l'arrière de l'*Harmonie* et faisant même route que
nous.

A midi, il y eut un grand dîner à bord.

Je me souviens que mon père porta un toast au
brave commandant de l'*Harmonie* et à son second
M. Bambine.

Dans cette même journée l'équipage piqua avec un
harpon un énorme requin ; mais au moment où ce
squale se trouva hors de l'eau, il se débattit si forte-
ment qu'il finit par se dégager. La trace de son sang,
qu'il perdait en abondance, nous le fit suivre pendant
quelques instants encore, et les matelots étaient convaincus que le monstre-marin ne survivrait pas à sa
blessure.

Huit jours après notre départ nous nous trouvions
dans le sud de Madagascar où nous éprouvâmes un
fort coup de vent. Notre navire fut balloté pendant
quarante-huit heures.

Les pailles-en-queue, qui nous avaient suivis pendant toute la première semaine. nous abandonnèrent. Ils furent remplacés par les damiers que nous prîmes en assez grande quantité et que nous mangeâmes en guise de pigeons.

Puis, le temps se remit au beau.

Quelques jours après, nous aperçûmes la côte Natal à environ dix à douze lieues

Vers le cap de Bonne-Espérance nous eûmes quelques contrariétés, surtout lorsque nous passâmes vers le cap des Aiguilles. Comme les vents nous étaient contraires nous fûmes obligés de tenir constamment la cape pendant plusieurs jours.

Le capitaine Perrée, voyant arriver un grain, ordonna à l'officier de quart de faire serrer le grand et le petit perroquet et d'appeler ceux des matelots qui étaient dans leur poste, sur l'avant, pour donner la main à la manœuvre.

Un des marins murmura hautement de ce que l'on voulait le faire travailler alors qu'il n'était pas de quart.

Le commandant lui ordonna d'aller immédiatement lui-même serrer le petit perroquet.

Le matelot refusa net. Il se permit même d'insulter le brave capitaine Perrée. Ce dernier renouvela son ordre d'une façon impérative : mais le marin ne bougea pas d'une semelle. Ce que voyant, le capitaine le menaça de le punir. C'est alors que les autres matelots prirent fait et cause pour leur camarade, et non contents d'insulter leur chef, ils tournèrent leurs injures du côté du second.

Le commandant, soit par excès de bonté naturelle chez lui, soit par besoin de ses matelots, céda devant l'insubordination.

La crise cessa ; mais, je m'aperçus que les passagers faisaient entre eux mille réflexions au sujet de cette désobéissance des uns et de cette mansuétude de l'autre. Tout jeune que j'étais, cette scène m'avait frappé et je comprenais dans ma petite cervelle que lorsqu'un capitaine ne se sent pas assez fort de lui-même vis-à-vis de ses inférieurs enclins à l'insubor-dination, ce manque d'énergie pouvait entraîner de graves inconvénients pour tout le monde pendant la longue traversée que l'*Harmonie* avait à parcourir avant d'atteindre Marseille, son port de destination

Le 18ᵐᵉ jour, nous aperçûmes la terre à environ cinq lieues. C'était le cap de l'Infant, puis celui de Falso et enfin, le lendemain nous distinguâmes par-faitement la haute montagne de Table-Bay. Nous étions alors sous l'impulsion d'un coup de vent d'une viol nce extrême.

Deux jours après le terrible cap des tempêtes était franchi et doublé.

Cet obstacle, si obstacle il y a, une fois dépassé, l'*Harmonie* se porta au Nord.

Chose remarquable et qu'il n'est pas tout à fait inutile de consigner ici, c'est que parmi les milliers d'oiseaux de mer qui ont suivi notre navire depuis une quinzaine de jours, on n'avait plus aperçu aucun damier. Puis les oiseaux en dépassant le cap de Bonne-Espérance nous quittèrent et notre navire fut suivi par des quantités considérables *de galères*, sorte de poisson mucilagineux fréquentant les parages situés entre les tropiques du Cancer et du Capricorne.

Les passagers sont très satisfaits jusqu'à présent de l'ordinaire du bord. Le déjeuner et le dîner se com-posent de 3 et 4 plats variés et parfaitement apprêtés. Quant au désert, il est abondant en fromage, confise-ries et fruits de l'Inde dont le capitaine avait eu le soin de s'approvisionner en quittant Maurice. C'étaient des banannes, des ananas, des mangues, des gouya-ves, des attes, des avocats, des cocos, des dattes, etc , etc., j'en passe et des meilleurs.

Bref, tout le monde se portait à merveille à bord de l'*Harmonie*, moi plus que tout autre. La vie du bord m'allait à ravir. J'étais très gâté par le capi-taine, très aimé par les passagers et parmi les matelots c'était à qui me ferait le plus de gentillesses.

Pendant une de ces conversations que les passagers tenaient ordinairement sur l'arrière, après le repas du soir, le brave commandant arriva tout joyeux se mêler à l'assemblée.

— Messieurs, dit-il, j'ai une nouvelle à vous annoncer, et je suis convaincu par avance qu'elle va agréablement chatouiller vos oreilles françaises.

— Quelle est donc cette bonne nouvelle ? lui demanda mon père toujours à l'affut des narrations et des histoires lointaines.

— Allons, commandant, dit à son tour M. Maurine, ne nous mettez donc pas ainsi l'esprit à la torture.

— Eh bien ! Messieurs, nous toucherons à Sainte-Hélène !

— A Sainte-Hélène !

— Bien vrai, commandant !

- Aussi vrai qu'il y a un Dieu et que j'ai besoin de renouveler mon eau.

Cette nouvelle, comme on doit le penser, combla de joie toutes les personnes du bord.

Dès cet instant, chacun des passagers fit son projet. Les uns se contentaient de visiter l'endroit où repose « le Dieu des batailles » ; les autres se proposaient de se rendre dans tous les lieux que l'Empereur avait occupés pendant son séjour dans l'Ile, quelques autres, enfin, dont la position pécuniaire n'était pas à la hauteur de tous ces désirs, soit par indifférence ou mieux par insouciance préférèrent rester à bord de l'*Harmonie*.

Ces projets confiés, ces souvenirs du passé impérial, ces désirs formulés à table et sur le pont de l'*Harmonie*, avaient lieu par ces belles journées des régions tropicales qui se ressemblent à peu près toutes et qui sont parfois d'une monotonie désespérante, à savoir, un ciel toujours bleu comme le lapis-lazzuli, une mer constamment immobile, des poissons et des oiseaux aquatiques qui suivent le navire pendant plusieurs centaines de lieues. Voilà donc quel est le spectacle quotidien qu'offrent ces régions tropicales.

Malgré cette tranquillité apparente de la nature, nous éprouvâmes de temps à autres quelques bonnes brises. Puis, les voiles de notre navire s'arrondissant à mesure que le vent renforçait, nous finîmes par nous approcher de ce microscopique coin du globe terrestre, devenu si grand depuis le 15 octobre 1815.

L'*Harmonie* portait son corps droit sur Sainte-Hélène et nous étions tous dans une joie facile à comprendre.

Le 28 janvier 1826, à trois heures de l'après-midi, le matelot qui était en vigie sur les barres du perroquet, cria d'une voix de stentor : Terre !

« Terre ! » répéta l'équipage de l'*Harmonie*.

« Terre ! » répétèrent également les passagers

« Ce cri qui fait vibrer nos âmes, nous dit le brave capitaine Perrée, nous annonce Sainte Hélène. »

Sainte Hélène ! A ce nom prononcé par le commandant de l'*Harmonie* tout le monde à bord se découvrit, comme poussé par un accord mutuel.

Sainte Hélène ! Que de pensers, que de souvenirs ! Nous posâmes la main sur nos cœurs ; tous battaient comme à la suite d'une grande émotion.

Ce fut un moment indescriptible que je ne puis mieux comparer qu'à un branle-bas de combat. Dans un instant passagers et matelots furent sur le pont de l'*Harmonie*. Les uns montèrent sur les premières enflêchures ; d'autres, plus hardis et plus habitués à la mer grimpèrent jusques dans les hunes. Toutes les longues vues du bord furent mises en réquisition.

Ce ne fut qu'une heure après que nous pûmes apercevoir à l'œil nu l'Ile toute entière, avec ses forts de Ladder Hill, de Munden's-Point, de Ruppert's Battery, de Sagarbaf-fort, et une succession de batteries inexpugnables.

Quel horrible aspect ! Quelle désolation empreinte sur les flancs à pic et déchirés de ces masses ardues ! La pensée, effrayée, refuse d'y reconnaître l'œuvre d'une omnipotence qui fit tout pour le mieux. Projection monstrueuse des erreurs de la création, la masse hideuse et tourmentée de ce rocher perdu s'élève des profondeurs de l'abîme pour régner seule sur une mer désolée. Des nuages épais voilent sa tête horrible ; l'éternel vent du S. O. frappe et s'épuise en vains efforts sur son front volcanisé ; et ses pieds, en talus rapides, sont battus par les vagues éternelles qui s'y brisent. Là, tout accès est difficile, on dirait que la nature vous défend d'y aborder.

Il était déjà trop tard pour espérer d'atteindre le mouillage avant la nuit. Nous étions encore à environ trois lieues de la terre, lorsque l'obscurité enveloppa l'*Harmonie* de toutes parts. Il fallut donc remettre au lendemain le bonheur de descendre à terre et personne ne pensait à goûter le sommeil.

Dans cette foule de pensées qui s'était emparée des esprits des passagers, le brave capitaine Perrée eut une idée sublime en leur faisant la proposition d'un panch. Naturellement cette offre fut acceptée avec enthousiasme, et la nuit se passa en toasts, en chansons célébrant la gloire et la mémoire du grand Empereur.

L'*Harmonie* louvoya et se mit en panne par le travers de l'Ile. Lorsque le jour commença à poindre, notre navire ne se trouvait plus qu'à deux lieues de la rade qui fait face à Saint-James-Town.

La brise mollit. Nous nous approchâmes lentement du mouillage et enfin, nous pûmes apercevoir les navires ancrés dans la rade.

A mesure que nous nous approchions, le rocher de Sainte-Hélène nous apparaissait triste. Des montagnes noirâtres et à pic semblaient suspendues sur nos têtes. Dans chacun de ces rocs crevassés on voyait des rangées formidables de canons.

Sur une des montagnes de la pointe Est de l'Ile, nous aperçûmes un mat de pavillon qui faisait des signaux. Comme nous longions Sainte-Hélène de l'Est à l'Ouest, nous ne tardâmes pas à voir un autre mât de pavillon qui correspondait avec le premier. Un instant après, au milieu d'un bouquet d'arbres verts, et un peu à l'ouest de cette seconde montagne des signaux, nous distinguâmes une superbe maison de campagne que mon père supposa être Plantation-House, maison du Gouverneur. Puis, dans le lointain et à une grande hauteur nous vîmes une autre habitation que l'on dit être Longwood, la demeure du Grand Empereur.

Le temps était d'une pureté si grande qu'il nous permettait de tout voir à une distance d'une lieue A trois heures et demie, l'*Harmonie* se trouvait par le travers du petit Ilot situé à la pointe Ouest de l'Ile, et après l'avoir doublé nous avons aperçu un autre mât de pavillon sur le sommet de la plus haute montagne qu'on nomme le Dianner ou Pic de Diane.

Peu après nous avons découvert un fort, sous lequel sont bâties plusieurs maisons. Ce fort est situé sur une petite colline tombant à pic dans la mer.

A quatre heures et demie, nous avons commencé à découvrir la rade, les fortifications et une partie de la ville de James-Town

Trois bâtiments étaient au mouillage, une frégate anglaise, un navire hollandais et un français. Ces deux derniers venaient de Batavia.

Le drapeau de la France fut hissé à l'arrière. Dès que l'*Harmonie* fut entré dans la rade, le Capitaine Perrée fit entendre le commandement de : « Mouille » et à l'instant l'ancre de l'*Harmonie* tomba au fond de la mer. Il était alors onze heures du matin.

Bientôt la rade fut sillonnée par un grand nombre d'embarcations, dont une portait le médecin qui devait nous donner la libre entrée, et qui arrivé le long du navirre adressa au capitaine Perrée les questions d'usage. Puis, il monta à bord, et s'étant assuré par lui-même qu'il n'y avait pas de malade, nous autorisa à descendre à terre.

Notre chaloupe fut mise à la mer et ceux qui parmi les passagers de l'*Harmonie* témoignèrent le désir de débarquer prirent place à côté du brave capitaine Perrée.

L'île de Sainte-Hélène fut découverte, le 21 Mai 1302. par Jean de Nova, gentilhomme portugais à son retour de l'Inde. Elle est située à 15° 55" de latitude méridionale et 8° 14" à l'occident du méridien de Paris. Elle est au milieu de l'Océan Atlantique à 340 lieues du cap Palmas aux côtes d'Afrique ; à 600 lieues S. E. des côtes du Brésil ; à 600 lieues du Cap de Bonne-Espérance, et à 1,700 lieues S. O. de Paris.

Sa longueur est d'environ 3 lieues 3|4, de la pointe d'Abe à celle de Manand, et sa longueur du bourg de Saint-James à la côte S E., d'un peu plus de 2 lieues 1|1. Sa circonférence mesure environ 9 lieues et on estime qu'elle contient près de 24,000 arpens.

Cette île, inhabitée lors de sa découverte, n'était qu'une forêt où les arbres croissaient avec une rapidité étonnante et se détruisaient de même pour faire place à de nouvelles tiges. Il est probable qu'aucune espèce d'animal n'existait dans l'intérieur ; les côtes. seulement, étaient fréquentées par des oiseaux aquatiques, des veaux marins, des lions et des tortues de mer qui s'y rendaient aux époques de la ponte.

La grande quantité d'eau douce et les plantes rafraichissantes qu'on y trouva, rendirent précieuse la découverte de Ste-Hélène aux Portugais, qui commençaient à fonder leur suprématie dans l'Inde. Cependant, elle resta longtemps inculte et déserte, et ce ne fut qu'en 1513 que quelques colons s'y fixèrent.

Rosto Mocus, fameux chef indien qui disputa longtemps la victoire au célèbre Alphonse Albuquerque qui ayant enfin été vaincu, fut forcé, par un traité, de livrer aux vainqueurs. plusieurs seigneurs portugais qui avaient abandonné leur religion et les drapeaux d'Albuquerque. Rosto Mocus obtint qu'ils auraient la vie sauve ; mais, Albuquerque qui ne crut pas manquer au traité en les mutilant pour en faire un exemple terrible. Il leur fit couper le nez, les oreilles. la main droite et le petit doigt de la main gauche ; puis les faisant embarquer, il les renvoya en Europe. Fernando Lopez, l'un de ces malheureux, préféra un exil volontaire à la honte de reparaître mutilé dans sa patrie. En conséquence, il demanda à être débarqué à Ste Hélène. On accéda à son désir ; et à l'aide de quelques esclaves noirs et indiens qu'on lui laissa, il essaya de défricher certains côteaux de l'Ile. Ses travaux furent couronnés du plus grand succès et bientôt la Cour du Portugal songea à encourager Fernando Lopez en lui envoyant des animaux domestiques qui pullulèrent rapidement, ainsi que des plantes et des graines qui réussirent au delà de tous les souhaits.

Telle est l'origine de la population et de la culture de Sainte-Hélène.

Cependant, les Portugais ne négligèrent rien pour dérober aux nations européennes la connaissance de cette île. Mais, en 1558, le 8 juin, le capitaine anglais Cavendish, qui revenait en Europe après avoir fait le tour du monde, aperçut Ste Hélène et mouilla vis-à-vis le Val-la-Chapelle, où est aujourd'hui le bourg de St James-Town. Plusieurs vaisseaux anglais y mouillèrent depuis, et bientôt les Espagnols et les Hollandais vinrent y chercher des rafraichissements. Les Portugais qui avaient formé plusieurs établissements sur les côtes d'Afrique, négligèrent alors Ste Hélène. Bientôt ils en retirèrent les colons qui s'y étaient établis pour les transporter ailleurs et abandonnèrent cette île. Quelques noirs cependant parvinrent à se cacher dans l'intérieur des terres et continuèrent à cultiver les terrains défrichés par Fernando Lopez.

Les Hollandais s'y établirent alors et la conservèrent jusqu'en 1651, époque à laquelle ils abandonnèrent Sainte-Hélène après leur établissement au Cap de Bonne-Espérance.

En 1661, les Anglais s'en emparèrent et la donnèrent à la compagnie des Indes. Depuis, cette fertile colonie n'a fait que prospérer.

En 1672, les Hollandais regrettèrent d'avoir abandonné cette possession, et comme ils étaient en guerre avec l'Angleterre , ils l'attaquèrent et s'en rendirent maîtres.

Ils en furent chassés l'année suivante par les Anglais, et depuis la compagnie des Indes a joui paisiblement de cette importante colonie.

Ste-Hélène, vue de la mer, ne présente aux regards du voyageur qu'un rocher nu, aride et escarpé. Ce n'est que lorsqu'on s'en approche que l'on aperçoit les hautes montagnes qu'elle renferme. On distingue alors quelques traces de végétation ; mais, si l'on s'avance d'avantage, son aspect change de nouveau , et la vue ne se repose plus que sur les masses de rochers qui semblent prêtes à s'écrouler dans la mer. Une chaîne de ces rochers, dont la hauteur varie de 800 à 1400 pieds borde l'Ile de toutes parts, et ne s'interrompt un instant qu'entre la montagne de l'Echelle et le mont Ruperth, où est le lieu de débarquement et le bourg de James-Town.

L'intérieur de l'Ile est partagé en deux parties inégales par une chaine de montagnes élevées qui se dirige de l'Est à l'Ouest et se recourbe vers le Midi aux deux extrémités. Plusieurs chaînes latérales partent de celle-ci, dans la direction du Sud et surtout du Nord et forment de nombreuses vallées.

A l'extrémité orientale de l'Ile est le pic de Dianner, point le plus élevé de l'Ile. Il a 2692 pieds au dessus du niveau de la mer. De ce sommet, on découvre toute l'Ile et l'on y jouit d'un horizon immense que rien ne borne, si ce n'est la faiblesse de notre vue.

La pointe des Cocus, de 2672 pieds anglais. et le mont Halley, de 2467 pieds tiennent au pic de Dianner. La pointe du Pavillon, 2272 et la Grange de 2015 pieds. sont au bord de la mer. La maison d'Alarme , au centre de l'Ile, a 1960 pieds. La Haute Cime, au Sud-Ouest de la Maison d'Alarme 1903 pieds Enfin, Longwood, maison de campagne du gouverneur et demeure de Napoléon est à 2500 pieds au dessus du niveau de la mer.

Tels sont les points les plus élevés de l'Ile.

Des sources nombreuses sortant de cette chaine de montagnes qui partagent l'Ile en deux, et leurs eaux réunies forment quelques ruisseaux qui fertilisent les vallées de la Chapelle, de James-Town, d'Orengel, du Tabac, des Cochons, des Sables, du Pêcheur, des Epines et autres.

La principale masse de l'Ile Ste-Hélène se compose de basalte. Il s'y trouve par bancs inclinés et parallèles. Dans quelques localités il se présente sous la forme prismatique ; mais généralement, il s'approche de la forme columnaire. Dans plusieurs de ces bancs, il se trouve des masses de substances volcaniques. Ces couches d'argile recouvrent le basalte, et sont, comme celui-ci, en bancs inclinés et parallèles. La terre qui recouvre ces couches est grasse et argileuse Elle contient beaucoup de parties salines, et sa profondeur est bien plus grande qu'il ne faut pour les besoins de l'agrigulture. La qualité du sol, jointe à la température tropicale, la rend également propre aux cultures de l'Europe et de l'Inde.

Les arbres indigènes sont le chou-palmiste dont le bois, dur, sert à faire des charpentes légères. Le gommier et le bois rouge, sorte d'ébénier, propres à la construction, dominaient et couvraient toute l'Ile, dans les temps primitifs. Actuellement on ne trouve plus ces deux espèces qu'à Longwood. On y a transporté d'Europe, le chêne, le pin maritime qui croit avec succès. Il n'en est pas de même du cyprés qui vient avec beaucoup de difficultés.

Le gazon anglais forme, dans les parties hautes de l'Ile, d'excellents pâturages. Dans les vallées, les prairies naturelles ou artificielles y réussissent à merveille.

On voit dans l'intérieur de l'Ile de nombreux troupeaux de bœufs et de moutons dont la chair offre une très grande ressource aux navires qui y relâchent à leur retour de l'Inde. D'après la statistique, on compte par an environ deux cents navires qui abordent à Ste-Hélène.

Les vallées avoisinant la mer sont très favorables à la culture des arbres fruitiers tels que les bananiers, les pommiers, les pêchers, les mûriers et les cognassiers. Des essais de plantations de cérisiers, d'abricotiers, de groseillers ont été faits, mais ces arbres d'Europe n'ont pu s'acclimater sous cette latitude tropicale. Par contre, la vigne, l'oranger et le figuier sont une ressource abondante pour les agriculteurs. Il est à regretter que l'on n'ait pas cru devoir donner une plus sérieuse étendue à la plantation des cocotiers et des chataigniers ; car, les quelques arbres qui y ont été plantés réussissent à merveille.

Parmi les végétaux qui couvrent le sol de Ste-Hélène, on distingue la ronce d'Europe, qui y fut transportée pour y former des haies vives, vers l'année 1780. Le climat et le sol furent si favorables à cette plante, que l'on vit en peu d'années des pâturages immenses couverts par ses rejetons. Ses progrès furent si extraordinaires que le gouvernement employa les soldats de la garnison à son extirpation.

Une sorte d'igname de Madagascar, se cultive dans les vallées. Le fruit, cuit sous la cendre, est une nourriture très saine pour les gens peu fortunés et qui par son goût farineux, ressemble assez à notre pomme de terre. Quant à ce dernier tubercule on peut avancer sans crainte qu'il vient beaucoup mieux qu'en Europe, et les navires qui abordent dans l'Ile en font des provisions considérables. Les choux, les pois, les haricots y donnent deux récoltes chaque annnée.

On évalue le produit de la vente de toutes ces provisions aux navires qui font escale à Ste-Hélène, à la somme de deux cents mille francs, y compris les volailles et les bestiaux.

On trouve également dans l'Ile le manguier, le

bambou, le badamier, l'azédarac, le figuier du Bengale, le dragonier, l'arbre à vie de la Chine, le syruga, le rosier de Chine, le ricin, le cotonier, le romarin, etc.

Tous les quartiers de l'Ile sont loin d'être fertiles ou cultivés : car, sur trente mille acres qu'on estime qu'elle renferme, huit mille tout au plus sont en culture. Ces huit mille acres se divisent ainsi :

2000 cédées par la Cie des Indes à des particuliers;
4000 louées à bail emphythéotique ;
2000 exploitées au profit du gouverneur, du vice-gouverneur et de la Cie des Indes par leurs agents.

Chacun est étonné de voir qu'il n'y ait pas davantage de culture dans ce pays « où les fermes, dit Malte-Brun, rapportent trois récoltes de patates, et chaque acre en produisent 400 boisseaux, à 8 fr. 80 c. le boisseau, le produit brut d'une acre doit être de la valeur de 3,520 francs. »

Ste-Hélène ne renferme aucun animal carnassier ou vénimeux ; aussi, tous les animaux domestiques y ont multiplié très rapidement. Le bœuf, le mouton, le cochon et surtout la chèvre y sont nombreux. Les chiens et les chats se multiplient à l'infini, et le seul animal vraiment nuisible qu'on y rencontre, est le rat, importé d'Europe par les navires qui y font escale. On cite plusieurs époques où leur multiplicité a causé d'énormes dégâts aux cultures des vallées.

L'âne, ou bourricot, est la monture ordinaire, mais la bête de somme qui sert le plus habituellement est le bœuf.

La poule d'Europe, celle de l'Inde, la pintade, la perdrix et le faisan y sont en abondance. Les serins des Canaries, le moineau de Ste-Hélène, qui n'est autre que le loxiaorizyvora, égaient, par leur gazouillement, les nombreux bosquets de myrthe qui y donnent un utile ombrage. Il n'est pas extraordinaire de voir cet arbuste atteindre une élévation de trente pieds.

On compte près de 80 espèces de poissons qui fréquentent les parages de Ste-Hélène. Les plus communs sont le maquereau, l'albicorne, le cavallo, le congre, le crabe et la baleine à tête pointue.

Les coquillages les plus abondants sont les huîtres, le long legs, le stump, qui, pour le goût et la forme, ressemble un peu à notre homard.

Les poissons volants fréquentent aussi ces parages. De décembre en avril, les tortues y abondent. La baleine vient même se promener dans la rade, mais elle y trouve son tombeau.

La température moyenne de l'année à Ste-Hélène est de 69° Farenheit ou 18° Réaumur soit 20° centigrades. A James-Town, il est rare que le thermomètre, à l'ombre, atteigne 25° centigrades. La chaleur réfléchie des côteaux, quand le ciel est pur et qu'il y a peu de vent, est égale à celle de la presqu'île indienne. Le plus grand inconvénient du climat est le défaut d'humidité. Les pluies ne sont pas assez suffisantes à la végétation. Comme partout ailleurs, la saison n'est pas régulièrement marquée. Cependant, février est le mois où il tombe le plus d'eau. Dans une période de dix à douze ans, une tempête visite ces parages, où on ne connait pas même les brises de terre ou de mer, toujours fréquentes dans les pays tropicaux.

Le dernier recensement fait, en 1801, donne à la colonie 504 habitants blancs et 1 560 noirs et chinois, soit deux mille soixante-quatre personnes, sans compter la garnison, les employés civils du gouvernement et de la compagnie des Indes.

Dans le but de faciliter l'exécution des lois, tant spirituelles que temporelles, on a divisé l'île en trois districts, celui de l'Est, celui de l'Ouest et celui du Sud. Outre l'église majeure de James Town, il y en a une autre dans la campagne du côté du quartier de la Baie sabloneuse.

Avant 1820, on ne trouvait pas une seule auberge dans toute l'île, seulement les étrangers se logeaient chez les habitants, où moyennant une guinée par jour, on leur fournissait une table excellente, de bons vins et un appartement fort propre.

Voici ce que Malte-Brun rapporte sur la manière de vivre des habitants de cette île célèbre. Cette citation complètera autant que possible, cette imparfaite esquisse de Ste-Hélène.

« Une peuplade de philosophes mènerait une vie heureuse dans les charmantes maisons de campagne qui ornent les paisibles vallées et les collines romantiques de Ste-Hélène ; mais ce bonheur pur et noble n'est pas très répandu parmi les habitants actuels. Chez quelques uns on retrouve les mœurs franches et hospitalières des Anglais de la vieille roche. Beaucoup d'autres sont livrés aux inquiétudes d'une activité insatiable, ou aux petites discordes qui toujours ont nui à la prospérité de l'Ile. La plupart n'aspirent qu'à s'en retourner chez eux — *to go home* — c'est-à-dire à se retirer en Angleterre. Les familles des officiers et des employés cultivent la musique, le dessin et d'autres talents agréables ; du reste, la société est fort triste et fort monotone. Les personnes qui ne sont jamais sorties de l'Ile ont des idées singulièrement bornées. Une dame anglaise, en revenant du Bengale, toucha à Ste-Hélène, on donna des bals et des fêtes en son honneur ; à son départ, une demoiselle hélénoise, de ses amies, lui dit naïvement ·

« Ah ! ma chère, que Londres va devenir un endroit gai à ton arrivée »

Mais, depuis, tout cela a bien changé.

On ne peut débarquer à Ste-Hélène autre part qu'à St-James-Town. Aussi est-ce là que le canot de l'*Harmonie* aborda.

Tel est également le lieu où Napoléon débarqua et où il a terminé sa vie. « C'est toujours pour les navigateurs, d'où qu'ils viennent, où qu'ils aillent, une joie d'arriver. Pour la première fois, peut-être, ce sentiment ne fut point éprouvé à bord du *Northumberland*, du moins parmi les illustres passagers qu'il venait de transporter. Leur sentiment fut celui de prisonniers apercevant la porte de la prison qui va se refermer à jamais sur eux. » (1)

Et en effet, c'est ce sentiment pénible que nous ressentîmes tous en apercevant Ste-Hélène, surtout lorsque nous foulâmes son sol volcanique.

En mettant pied sur le rivage, mon père s'écria : « Enfin, je la touche cette terre que j'avais tant de fois saluée en me rendant dans l'Inde ou en Europe. Mes désirs sont satisfaits. » Puis, après avoir fait quelques pas en avant : « Mon fils, me dit-il, c'est dans cette île que le plus grand génie des temps modernes est mort, et puisque la destinée nous y a fait débarquer, nous mettrons à profit les quelques jours que nous aurons à passer ici. Seras-tu content, Volcy, de visiter tous les endroits que le grand Empereur a rendus célèbres par son séjour ?

— Bien certainement, mon père. Vous savez combien j'aime Napoléon.

-- C'est vrai, mon enfant. Penser le contraire, ce serait faire injure à un Mauricien.

— Depuis combien de temps le pauvre Empereur a été exilé à Ste-Hélène ?

— Depuis douze ans. Il est arrivé ici sur le vaisseau le *Northumberland*, commandé par l'amiral Georges Cokburn et suivi de la frégate la *Havane*, le brick le *Furet*, et de plusieurs corvettes, chargés de troupes anglaises.

— Et il vint seul s'enfermer dans cette île maudite, demandai-je à mon père dans mon ignorance historique m'apitoyant sur le sort du glorieux martyr de Ste-Hélène en jetant un coup d'œil sur l'Ile.

— Non, mon enfant, des amis dévoués ne voulurent pas quitter un seul instant Celui qui fut leur bienfaiteur. De ce nombre étaient le comte et la comtesse Bertrand, le général baron Gourgaud, le comte Las Cases, le comte et la comtesse de Montholon, le fidèle

______

(1) Thiers. Ste-Hélène. Livre LXII, page 71.

Marchand, les enfants de ces diverses familles et un personnel de domestiques au nombre de dix ou douze environ.

— Rappelle-toi bien de tous ces noms, mon enfant, et que jamais ils ne s'effacent de ton cœur et de ta mémoire.

— Je vous le promets, mon père.

— Les généraux Savary et Lallemand avaient aussi exprimé le désir d'accompagner leur Empereur; mais l'Angleterre ne crut pas devoir acquiescer à leur demande. En se séparant d'eux, Napoléon les reçut dans ses bras.

L'Empereur leur dit ces paroles que tu retiendras aussi : « Soyez heureux. mes amis... Nous ne nous reverrons plus, mais ma pensée ne vous quittera point, ni vous ni tous ceux qui m'ont servi. Dites à la France que je fais des vœux pour elle... » Puis le grand vaincu de Waterloo descendit dans le canot amiral et se fit conduire à bord du *Northumberland*.

— Pauvre Empereur ! Et j'avais les yeux humides et le cœur bien gros.

— Tu pleures, mon fils, me dit mon père en me regardant d'un air attendri. Je comprends cela. Moi qui suis homme, chaque fois qu'il est question de l'Empereur, je sens en moi comme un bouleversement qui n'est pas naturel. En foulant le même sol, en respirant le même air qu'a foulé. qu'a respiré le plus grand homme de notre siècle, je sens une sorte d'oppression qu'il m'est impossible de définir. Il est donc tout naturel que tu pleures.

Je ne sais, mon enfant, ce qui t'attend dans la longue carrière que tu auras à parcourir, mais ce que je te recommande dans ce moment présent et en abordant cette île, c'est de bien retenir tout ce que nous visiterons et tout ce que tu entendras. Un jour viendra où tu pourras mettre à profit le récit du séjour que tu vas faire à Ste-Hélène.

— Père, je vous promets de suivre en tous points vos recommandations.

— C'est bien, mon enfant. Tu te souviendras aussi que ce grand génie eût pour berceau, en 1789, l'Ile de Corse; que son premier exil, en 1814, fut l'île d'Elbe et qu'enfin il est mort en état de captivité, en 1821, sur ce point isolé de l'immense Océan Atlantique. Cet, homme célèbre, né insulaire, exilé insulaire et mort insulaire, avait pendant un quart de siècle parcouru et bouleversé tout le vieux continent, promenant dans toutes les capitales de l'Europe le drapeau de la France.

C'est en entendant toutes ces réflexions que me faisait mon père que nous nous trouvâmes devant l'hôtel où l'Empereur avait passé sa première nuit en débarquant du *Northumberland*.

— C'est dans cet hôtel, mon enfant, me dit mon père en s'arrêtant au devant de la porte d'entrée de cette maison devenue historique, c'est dans cet hôtel que descendent aujourd'hui tous les voyageurs de distinction. C'est là où nous descendrons aussi.

Azor, le domestique de mon père, entra dans l'établissement, tenant nos bagages des deux mains. Un instant après, nous le vîmes revenir accompagné d'un grand monsieur aux favoris rouges.

C'était le maître de l'hôtel. Il s'appelait Eyers.

— Avez-vous un appartement convenable à m'offrir, lui demanda mon père.

— Dans ce moment, Monsieur, nous avons un grand nombre de voyageurs ; mais si vous ne regardez pas à la dépense, je vous offre la chambre ou a couché l'Empereur Napoléon.

— Accepté.

— Cet appartement coûte le double plus cher que les autres

— N'importe

Et nos bagages furent portés au premier.

Dès qu'Azor eut installé nos bagages, mon père fit appeler M. Eyers. Quelques instants après celui-ci parut:

3

Auriez-vous l'obligeance de me dire, Monsieur, quelles sont les formalités à remplir pour obtenir des autorités l'autorisation de visiter Longvood et la Vallée du Tombeau.

— Je me charge de ce soin, répondit M. Eyers. Demain matin vous aurez cette autorisation. Veuillez, Monsieur, inscrire sur ce registre, votre nom, celui de votre enfant ainsi que celui de votre domestique. Ces documents abrégeront les difficultés.

Et mon père inscrivit sur le grand registre de l'hôtel son nom et le mien sans oublier celui d'Azor qui le suivait partout.

— Comment se nomme le gouverneur de Ste-Hélène, Monsieur ?

— L'honorable Général d'Allas.

— Merci.

M. Eyers allait se retirer, lorsque mon père lui dit : Pardon, Monsieur, encore une question. Y a-t-il longtemps que vous habitez Ste-Hélène ?

— Une dixaine d'années.

— Alors, vous avez connu Hudson Lowe.

— Parfaitement.

— Quelle opinion a-t on conservée ici de cet homme.

— Mauvaise.

— Je m'en doutais. J'habite Maurice, Monsieur, depuis 1816, je connais beaucoup d'Anglais, j'en ai beaucoup vu dans l'Inde, je n'en ai pas rencontré un, un seul qui estimât l'infâme geolier de Napoléon Partout, j'ai pu constater que vos compatriotes avaient le plus grand mépris pour celui qui, par ses odieuses machinations, avait abrégé la vie de l'illustre captif de l'Angleterre.

— Tous mes compatriotes pensent comme vous, Monsieur. Et pour corroborer la véracité de ce que je vous avance ici, je vais vous citer les propres paroles d'un officier anglais arrivé dernièrement de Ceylan ou sir Hudson-Lowe est gouverneur depuis qu'il a quitté Ste-Hélène. Cet officier, donc, me disait

que ce général ne resterait pas longtemps à la tête
du gouvernement de Ceylan, parce que partout où il
passait, il était honni et méprisé, au point qu'il se
montrait très rarement en public.

— Je le crois sans peine, et le nom de cet homme
deviendra immortel, mais ce sera l'immortalité de la
honte dont il a déjà reçu le baptême.

M. Eyers sortit de l'appartement

Nous quittâmes l'hôtel pour visiter la ville. Mon
père me tenait par la main.

La ville ou plutôt le village de James-Town n'a
qu'une rue. Il est bâti dans une étroite vallée sur
laquelle dominent deux grandes montagnes dont la
vue ne manque pas d'attrister le voyageur.

Au milieu de la grande rue se trouve le jardin de
la Compagnie des Indes. Puis, à l'extrémité est une
vaste brasserie de bière et ensuite l'Hôpital.

Dans cette unique rue de James-Town on y voit de
forts beaux magasins très assortis en objets de luxe
d'Europe, de l'Inde et de la Chine. Le plus remarquable est sans contredit celui de M. Salomon, qui
ressemble à un immense bazar où l'on trouve tout
ce qui est imaginable dans ces milles riens créés par
le génie, le talent et la main de l'homme.

Nous entrâmes chez M. Salomon. Mon père y fit
l'acquisition du portrait de l'Empereur, de la vallée
du Tombeau, de la maison de Longwood, et d'une
foule d'autres sujets ayant trait à Napoléon et qui
avaient été peints par des artistes chinois. (1)

Pendant notre excursion le long de cette rue de
James-Town, nous entrâmes également dans un
magasin de comestibles où l'on voyait entassée une
variété infinie de fruits des tropiques que mon père
nous fit manger. Nous les dévorâmes avec plaisir,
tant ces fruits nous rappelaient notre cher Maurice.

Lorsque nous rentrâmes à l'Hôtel Eyers pour diner,

(1) Ces objets sont encore dans la possession de ma mère.

l'hôtelier remit à mon père la permission qu'il avait demandée le matin dans le but de nous laisser visiter Longwood et le tombeau de l'Empereur.

Cette permission était ainsi conçue. Je la copie textuellement :

« The persons belonging to the french ship *Harmonie*, arc authorised to visit Long-wood and the thumb, accompagned by the L' Younge.

St-James, 29 janvier 1826.

Gouvernor

Signé : DE DALLAS, Général (1).

A cinq heures un domestique de l'hôtel, un anglais en livrée, vint nous avertir que le dîner était servi et que l'on nous attendait dans la salle à manger.

Nous descendîmes, précédés du domestique qui, ouvrant la porte de la salle à manger à deux battants, annonça :

Monsieur Boze, de l'Ile Maurice et son fils.

Il y avait déjà nombreuse compagnie autour de la table, laquelle était ruisselante de cristaux, de porcelaines et surchargée de fruits.

Mon père prit la place qui lui fut désignée. Je m'assis à son côté.

Pendant le repas, mon père fit connaissance d'un passager hollandais revenant de Java et qui connaissait à fond les villes de Batavia, de Samarang et des Buitenzorg.

---

(1) Les personnes passagères du navire français l'*Harmonie* sont autorisées à visiter Longwood et le tombeau, accompagnées du Lieutenant Younge.

St-James, le 29 janvier 1826

Le Gouverneur,

Signé : DE DALLAS, Général.

Parlant admirablement bien le javanais (1) mon père se lia assez vite avec ce voyageur et il eut par cet intermédiaire des nouvelles d'une foule de ses amis qu'il avait connus à Java à l'époque de ses nombreux voyages dans cette grande et importante colonie hollandaise.

Mon père, qui parlait aussi très couramment l'anglais, fit bien vite connaissance avec plusieurs officiers qui revenaient du Bengale Leur conversation roula presque entièrement sur le capif de Ste-Hélène, et je puis dire à la louange de ces messieurs, qu'ils parlèrent avec un grand enthousiasme de l'Empereur.

Dès que le repas fut terminé, mon père se sentant fatigué, s'excusa auprès des convives de ne pouvoir prolonger plus avant cette agréable soirée. Il prit congé de ses aimables compagnons de table.

Nous montâmes dans la belle chambre Impériale, ainsi désignée dans les prospectus de l'hôtel Eyers, hôtel qui, à l'époque de Napoléon, avait été tenu par M Pertevres.

Au moment où le brave Azor allait se retirer, mon père lui recommanda de nous réveiller le lendemain de grand matin. Puis, avant de se mettre lui-même au lit, il fit le tour de la chambre et admira tous les objets qui s'y trouvaient. D'après l'assurance de M. Eyers rien n'avait été changé dans cet appartement où avait couché l'Empereur. Tout se trouvait à la même place, en sorte que tout ce que mon père voyait ou touchait avait été vu et touché par le grand Napoléon.

Le lit dans lequel mon père allait se coucher était le même que celui où avait reposé l'Empereur.

(1) En 1825, P. Boze fit imprimer un dictionnaire français-malais qui eût plusieurs éditions. Cet ouvrage a ensuite été imprimé dans tous les idiômes usités dans les mers de l'Inde : c'est-à-dire des langues anglaise, espagnole, portugaise et italienne.

On ne peut se faire une idée de la joie que manifestait mon père à la vue et au toucher de ces nombreuses reliques impériales . Sa satisfaction fut immense lorsqu'il entra dans le lit de Napoléon. Il était heureux et il fit éclater plusieurs fois son bonheur.

Nous dormîmes admirablement bien.

DEUXIÈME PARTIE

Le lendemain, à la pointe du jour, Azor, fidèle
serviteur de l'obéissance, entra dans notre chambre
et nous réveilla.

Nous fûmes vite sur pieds. En descendant au rez-
de-chaussée nous aperçûmes la voiture que M. Eyers
avait commandée la veille et qui devait nous transporter à travers l'Ile.

M. Maurine, et un vieil ami de mon père, M.
Deville, nous accompagnèrent dans notre pèlerinage.

Notre voiture avait à peine quitté l'hôtel que nous
vîmes accourir au galop plusieurs chevaux montés
par le hollandais et les officiers anglais avec lesquels
mon père avait causé la veille à table d'hôte, quelques dames se joignirent à la cavalcade. Puis nous
vîmes arriver le lieutenant Younge, qui avait été
désigné par le gouverneur pour nous accompagner à
Longwod et au Tombeau. Cet officier se tint constamment à la portière de notre voiture.

A peine fûmes-nous sortis de la grande rue de
James-Town que nous commençâmes à grimper la
montagne contre laquelle on a pratiqué une route
carrossable.

Cette voie ne serait pas sans danger si on la parcourait avec des chevaux fringants, mais, nous
n'avions de ce côté rien à craindre, attendu que ceux
qui étaient attelés à notre voiture étaient d'une
placidité et d'une docilité exemplaire D'ailleurs

d'après le dire de notre cocher, ces coursiers étaient habitués à faire cette corvée, par la seule raison qu'ils n'allaient jamais autre part qu'à Longwood et à la vallée du Tombeau. ,

Un quart d'heure après avoir dépassé l'Hôpital nous vîmes une propriété de fort belle apparence que le lieutenant Younge, un très aimable gentleman. nous dit être Briars, appartenant à sir Balcombe.

Je laisse ici la parole à M. Younge

«Lorsque l'Empereur eut passé sa première nuit en ville, à l'hôtel où vous êtes descendus, il fut le lendemain voir l'habitation de Longwood que le gouvernement lui destinait pour demeure. Napoléon n'ayant pas trouvé cette demeure convenable, attendu qu'elle avait besoin de réparations très-urgentes, vint loger à Briars, où sir Balcombe, fier de recevoir chez lui le premier homme du dix-neuvième siècle, s'empressa de mettre toute sa maison à la disposition de son nouvel hôte. En conséquence il fit élever au milieu de son enclos, une immense tente sous laquelle il se logea avec toute sa famille.

— Honneur! trois fois honneur à sir Balcombe, répondit mon père.

— Merci pour mon compatriote, monsieur, répondit à son tour le lieutenant.

— Et l'Empereur resta longtemps à Briars ?

— Plusieurs mois avec tous ses compagnons d'infortune. Et l'Empereur était d'autant plus enchanté de ce séjour que sir Balcombe faisait tout ce qui dépendait de lui pour rendre à son hôte et à ses généraux dévoués, le séjour de Briars aussi confortable, aussi gai que possible.

— Quel contraste avec la conduite d'Hudson-Lowe !

— Hélas ! fit le lieutenant d'un air de tristesse. Puis reprenant sa narration au point où il l'avait laissée : avec quelques augmentations dans les bâtisses, Briars aurait pu être préféré à Longwood ; mais notre gouverneur trouvait que cette résidence était trop près du port.

— Et Hudson craignait probablement un enlèvement de son prisonnier, ajouta mon père.

— Je ne sais ; mais ce que je n'ignore pas, c'est que Longwood étant éloigné de dix kilomètres de St-James, l'Empereur pouvait être plus facilement gardé, surveillé

— Et pour le climat, parait-il, Hudson ne pouvait pas en trouver un plus mortel. Et voilà pourquoi le geôlier choisit Longwood, s'écria mon père.

Le lieutenant Younge détourna la tête et ne répondit pas.

« Le plus grand inconvénient, dit M. Thiers, de ce séjour de Briars, c'était de séparer Napoléon de ses compagnons d'infortune, lesquels pour le voir étaient obligés chaque jour de faire un assez long trajet. On parvint cependant à trouver un réduit pour M. de Las Cases, que Napoléon tenait à avoir auprès de lui, parce qu'il lui dictait en ce moment le récit des campagnes d'Italie. Il avait donc l'indispensable, et ne tenait aucun compte des privations physiques, ayant essayé bien pis dans ses longues et terribles guerres Il est vrai que le danger et la gloire relevaient tout alors, et qu'aujourd'hui la dure captivité aurait empoisonné même l'abondance et les plaisirs. Il en sentit, hélas, à cette époque une première et dure rigueur ! Jusqu'ici, Empereur à bord du *Belléro-phon*, général en chef sur le *Northumberland*, il avait pu se croire libre, car le navire était une prison flottante dans laquelle ses propres gardiens étaient aussi captifs que lui. Aucune surveillance n'avait donc été exercée à bord du *Northumberland*. Mais une fois qu'on fut à terre, l'amiral Georges Cockbum, inquiet pour sa responsabilité, n'osa pas laisser à son prisonnier l'île pour prison. Elle avait neuf à dix lieues de circonférence tout au plus, des côtes presque inabordables, n'était guère accessible que par le petit port de Jams-Town sévèrement gardé, et était entourée en outre d'une croisière nombreuse. Si donc Napoléon avait cherché à s'évader, il lui eût été bien difficile,

surtout dans les premiers jours, avant d'avoir pu se
ménager des complices, de disparaître tout à coup, et
de trouver un bâtiment qui le transportât en Améri-
que. Néanmoins, voulant avoir la certitude physique
et continue de sa présence, l'amiral entoura Briars de
sentinelles qui ne devaient pas perdre de vue ceux qui
l'habitaient. L'œil perçant de Napoléon les eût bientôt découvertes, et ce fut pour lui l'une des plus vives,
des plus douloureuses impressions de sa captivité. »

« L'hôte chez lequel Napoléon était descendu, commerçant de condition obscure, mais de cœur excellent, s'étudiait à le faire jouir de son jardin et de sa
modeste société. Il avait deux jeunes filles parlant un
peu le français, fort animées, fort innocentes, chantant
médiocrement, mais avec l'heureuse humeur de la
jeunesse. Elles venaient voir l'Empereur déchu, le
questionnaient avec l'ignorance de leur âge et de leur
condition, puis lui jouaient des airs italiens sur un
instrument très peu harmonieux. Napoléon écoutait et
répondait à leurs questions naïves avec une extrême
bonté. L'une d'elles, qui avait rencontré dans un
roman historique le nom de Gaston de Foix, et qui
prenait le héros de Ravenne pour un général de
l'Empire, lui demandait si Gaston était bien brave,
et s'il était mort. — Oui répondait Napoléon avec
une patience toute paternelle, il était brave, et il est
mort Il s'intéressait à ces enfants comme aux
oiseaux voltigeant dans son jardin. C'étaient là désormais ses seules distractions : il n'en devait ni trouver, ni chercher, ni désirer d'autres! »

C'est en devisant ainsi que nous atteignîmes la
vallée du Géranium aujourd'hui la vallée du Tombeau. En effet, de l'éminence où nous nous trouvions
nous pûmes aisément apercevoir le bouquet de ver-
dure qui ombrageait la tombe où repose maintenant
le géant qui fit trembler toute l'Europe.

Comme les hôtes de l'hôtel Eyers avaient projeté
de se rendre directement à Longwood on ne changea

pas d'itinéraire et nous poursuivîmes notre course à petits pas.

Il était près de onze heures lorsque nous atteignîmes le sommet de la montagne sur laquelle se trouve la dernière demeure de Celui qui pendant vingt années avait habité les plus somptueux palais du vieux continent.

Là, pas plus que sur tout le parcours de notre longue route, nous ne vîmes la moindre trace de végétation, si ce n'est quelques habitations éparses dans l'Ile et autour desquelles on apercevait quelques maigres plantations.

Contrairement à toutes les îles du grand Océan, où une végétation luxuriante se rencontre par tout, nous ne distinguâmes ici qu'un sol volcanique semblable à du fer. Nulle part on ne trouve trace de terre végétale, sauf dans quelques endroits privilégiés et comme résultat du travail opiniâtre des hommes La seule exception, d'après ce que nous apprîmes de la bouche de sir Younge, est Plantation-House, habitée par les gouverneurs.

Longwood nous parut comme l'ensemble de tout le pays que nous venions de traverser, aride, desséché. Auucun obstacle n'abrite cette demeure des vents alisés qui soufflent constamment dans cette partie de l'Océan. A peine aperçûmes-nous quelques arbres chétifs et rabougris.

Enfin, nous atteignîmes le terme de notre pèlerinage.

Nous mîmes pied à terre en abandonnant notre voiture et le cheval au cocher qui nous avait conduits.

Les cavaliers en vidant leurs étriers jetèrent la bride de leurs montures aux mains de quelques chinois attachés à l'habitation.

Longwood était en face de nous et nous cûmes tous le cœur serré de voir l'ensemble de cette masure. En effet, quel homme n'aurait pas été indigné en jetant un regard sur cette bâtisse à l'aspect si misé-

rable, ressemblant plutôt à une ferme rustique qu'à
la demeure du plus grand monarque de la terre. De
ce géant qui avait ceint une double couronne, bénies
et sacrées par le chef de la religion chrétienne, et
octroyées par le vœu de plusieurs nations, fières de
l'avoir eu pour chef.

Ah ! certes, notre tristesse envahit notre âme à
mesure que nous approchions de cette habitation ;
mais ce fut tout autre chose lorsque l'on nous conduisit dans les diverses pièces qui composaient l'ensemble de Longwood, de ce misérable réduit qui
avait abrité pendant six longues et cruelles années le
grand Vaincu amené et conduit dans cette masure
pour lui apporter sa gloire et ses malheurs.

Trois marches en pierre forment le perron de la
porte d'entrée. Après les avoir gravies, nous nous
trouvâmes dans une pièce qui avait, nous dit le lieutenant Younge, servi primitivement de salle de billard et ensuite de salle d'attente.

Actuellement elle sert à emmagasiner la paille.

Les murs de ce petit appartement étaient littérale-
ment couverts d'inscriptions, toutes à la louange du
grand Homme. Beaucoup de voyageurs s'étaient con-
tentés de signer simplement leur nom, avec le jour et
année de leurs visites.

En face de l'entrée principale, une porte s'ouvrait
avec une peine infinie à cause de la grande quantité
de paille qui l'encombrait. Cette porte donnait issue
dans la pièce où Napoléon est mort. Là, était une
mauvaise table en bois blanc sur laquelle on avait
placé un registre qui servait à recevoir les réflexions
et les noms des voyageurs.

Tout cela était placé sans soins et sans la moindre
surveillance, au point que le premier visiteur venu
pouvait s'emparer de ce registre.

Les personnes de notre société firent cette remar-
que au lieutenant Younge.

— Mais, ce que vous craignez n'est jamais arrivé.

— Ce que personne n'a encore osé faire, qui vous prouve que d'autres après nous ne le feront pas.

— Le gouvernement n'a rien à voir dans ce registre, c'est une affaire qui regarde le propriétaire de Longwood, lequel, probablement, ne fait pas grand cas de ce livre.

— Il a tort, car ce registre doit être très curieux sous bien des rapports ; et si j'en avais le temps, lui dit mon père, je m'amuserais à relever toutes les inscriptions qui y ont été mises.

Une petite salle à manger, éclairée par une seule fenêtre, nous donna entrée dans une autre pièce, où était jadis la bibliothèque. Cet appartement renfermait à l'heure actuelle des instruments aratoires et des licols pendus à l'usage des mulets qui étaient dans l'écurie.

Revenant sur nos pas, et repassant par la salle à manger, nous ouvrîmes une porte qui nous conduisit dans la pièce qui, d'après le dire du lieutenant Younge, avait été la chambre à coucher de l'Empereur.

L'indignation des visiteurs fut extrême lorsqu'ils virent que cette chambre avait été transformée en écurie. Crèche, rateliers, fumier, paille, litière, animaux, rien n'y manquait.

— Quelle honte ! s'écria mon père. Comment, un homme qui donnait de la valeur au moindre objet qu'il touchait, comment a-t-on pu permettre que cette chambre où il avait reposé pendant six ans et dans laquelle il s'est éteint, fut changée pour un usage aussi vil !

Mon père pleura des larmes de rage et je m'aperçus que quelques uns de nos compagnons et toutes les dames pleuraient de véritables larmes de douleur.

— Quel mépris pour une telle grandeur !

Il n'y a qu'un Hudson-Lowe pour avoir pu donner de tels ordres, s'écria mon père.

Messieurs, ne restons pas plus longtemps dans cet

intérieur où tout nous rappelle de si cruels souvenirs.

En effet, nous sortîmes précipitamment de cet intérieur infect et misérable, afin de respirer l'air libre à pleins poumons. Français, Anglais, Hollandais, tous sans exception nous suffoquions de tristesse et de colère en voyant de pareilles atrocités.

— Il est certain, dit mon père, en s'adressant au Lieutenant Younge qu'il y a dans cette transforma-tion quelque chose qui surpasse mon imagination. Je connais vos compatriotes, Monsieur, je les ai beaucoup fréquentés et je les fréquente chaque jour. Ils savent apprécier les grandes et belles choses. Comment donc se fait-il qu'une demeure, devenue désormais historique soit ainsi délaissée? Comment Longwood qui, depuis la mort de notre grand Empereur, est devenu le but de nombreux pèlerinages de toutes les nations du monde, a pu être ainsi abandonnée ? Vous avez-vu, Monsieur, bien des fois le culte pieux que les Français et même vos compatriotes ont pour la mémoire de l'Homme Extraordinaire ? Eh bien ! donc, comment se fait-il que votre gouvernement laisse tomber en ruines un pareil monument? Comment se fait-il que pas un des successeurs de sir Hudson n'ait pas songé à mettre ce souvenir sous une chsáse d'or au lieu de le laisser se transformer pour un usage aussi révoltant?

— Que puis-je vous répondre, Monsieur, fit le lieutenant, ému des paroles indignées de mon père, sinon que vous avez mille fois raison.

— A voir le peu d'égards que l'on a pour la demeure d'un homme qui fut pour l'Angleterre un ennemi magnanime, cela me donne la somme des soins et des convenances qu'Hudson-Lowe a dû avoir pour l'Empereur pendant les six années qu'il a passées dans cette infâme prison.

— Vous avez mille fois raison Monsieur ; et vous devez comprendre que je souffre sinon plus, mais autant que vous de l'incurie de mon gouvernement à l'égard de l'hôte illustre qu'a possédé Ste-Hélène.

— D'où vient que les murs de tous ces appartements sont privés de tapisseries. Il y en avait bien, d'après ce que j'ai lu, à l'époque du séjour de l'Empereur.

— Cela vous étonne, Monsieur, de voir aussi ces murs dénudés. S'il ne reste plus traces de tapisseries c'est que les nombreux pèlerins qui sont venus ici avant nous en ont emporté des lambeaux qu'ils conservent comme des reliques de grande valeur.

— Eh bien ! puisque nous ne pouvons emporter un lambeau de papier, nous nous contenterons d'autre chose.

— Oh ! vous pouvez.

Et, mon père prit un morceau de bois formant la corniche de l'appartement où mourut l'Empereur et le remit à notre domestique Azor.

Il y avait près d'une heure que nous visitions cet infâme bouge. Le lieutenant Younge nous demanda si nous désirions parcourir les autres bâtiments qui avaient servi de demeure aux compagnons de captivité de Napoléon.

— Merci, lieutenant, ce que nous venons de voir est pour nous un échantillon suffisant de ce qui nous reste à visiter.

— N'allez pas croire, Monsieur, que mon gouvernement n'avait pas compris que l'Empereur était mal logé à Longwood. Cette maison de nouvelle apparence que vous apercevez là, est une preuve de la sollicitude de mon gouvernement pour Napoléon.

— Sans doute, Monsieur, votre gouvernement a eu des remords en donnant pour demeure à l'Empereur une bicoque que nos plus pauvres paysans de France ne voudraient pas pour s'y abriter. Et cette maison, qui est en bois, et que vous me faites remarquer, ne fut terminée, si j'en ai bonne souvenance, que lorsque le grand homme eut rendu le dernier soupir. Cela s'appelle en bon français, servir la moutarde après le dîner.

— D'ailleurs l'Empereur qui n'ignorait pas cette

innovation avait toujours dit qu'il n'irait jamais l'habiter.

— Et quels motifs donnait-il à son refus ?

— Il ne les a jamais confiés à personne. Du moins les Anglais ne les ont jamais connus.

Puis, Napoléon, vous le savez, n'aimait pas Hudson-Lowe, et ne voulait rien accepter de lui. Il ne pouvait instinctivement ni le sentir et encore moins le voir. C'est à tel point que lors de la première visite que lui fit le gouverneur, il dit à ses compagnons d'exil « qu'il n'avait jamais vu pareille figure de sbire italien. Nous regrettons notre requin, » ajouta-t-il.

— Qui donc désignait-il ainsi ?

-- L'amiral Cokburm qui venait d'être rappelé par le gouvernement britannique.

— Et qui remplaça ce dernier ?

-- L'amiral Malcom, qui eût pour Napoléon les plus grands égards. Aussi l'Empereur aimait-il à le recevoir le plus souvent possible.

L'anecdocte que je vais vous raconter vous fera comprendre l'horreur invincible qu'éprouvait Napoléon pour sir Hudson-Lowe.

Le propriétaire de Briars, sir Balcombe, devenu fournisseur de Longwood, se faisait souvent l'intermédiaire de la correspondance des exilés, correspondance bien innocente du reste, car elle avait pour but d'entretenir des relations avec leurs familles d'Europe et, les plus coupables allaient tout au plus jusqu'à dénoncer à l'opinion publique les cruautés du gouvernement anglais envers l'Empereur et ses compagnons de captivité. Il aurait fallu cependant s'en tenir à ces discrètes communications, dit M. Thiers, et ne pas trop donner l'éveil à l'esprit soupçonneux de sir Hudson-Lowe Mais M. de Las Cases imagina de se servir d'un domestique qui retournait en Europe, pour lui confier un long récit des souffrances de Sainte-Hélène, écrit sur une pièce de soie, afin qu'il fut plus facile à cacher. Soit par l'infidélité du domestique, soit par la rigueur des investigations exercées sur sa

personne, le dépôt fut découvert. M. de Las-Cases qui
avait particulièrement déplu à sir Hudson-Lowe, fut
condamné, en vertu des règlements établis, à quitter
Sainte-Hélène. Une troupe de gens armés se saisit de
sa personne et de celle de son fils, et les transporta
l'un et l'autre à James-Town. Sir Hudson-Lowe déclara
à M. de Las-Cases qu'ayant enfreint les réglements
qui défendaient les communications clandestines, il
serait conduit au Cap, et du Cap en Europe. Il n'y
avait point à disputer à ce maître absolu, et il fallut
se soumettre. On visita les papiers de M. de Las-Cases,
on y trouva le journal qu'il avait tenu de ses entre-
tiens avec Napoléon, et le manuscrit des campagnes
d'Italie. On retint l'un et l'autre provisoirement.

Napoléon fut vivement courroucé de ce qu'on avait
violé son domicile, et de ce qu'on lui enlevait un
homme aussi respectable, et dont il avait un si grand
besoin. Il réclama le manuscrit de ses campagnes
d'Italie, qui lui fut rendu, et s'éleva avec amertume
contre l'enlèvement de M. de Las-Cases, pour un acte
aussi naturel, aussi innocent qu'une plainte échappée
à la souffrance, et prouvant même qu'on ne songeait
pas à s'enfuir, car dans les pièces saisies rien n'avait
trait à un projet d'évasion. Aucun bâtiment ne s'étant
trouvé prêt à partir, M. de Las-Cases fut retenu dans
l'île, et mis pour ainsi dire au secret, car il ne pouvait communiquer avec Longwood. Sir Hudson-Lowe
ayant eu ainsi le temps de la réflexion, craignit que
la présence de M. de Las-Cases en Europe ne fût plus
fâcheuse pour lui et les ministres anglais que sa présence à Ste Hélène, car une fois libre. il pourrait
faire entendre la voix du malheur, voix qui serait
fort écoutée, même dans le parlement britannique.
Il offrit donc à M. de Las-Cases de retourner à Longwood, à condition de ne plus chercher à correspon-
dre, et de profiter de la leçon qu'il venait de recevoir
par un mois de séquestration. Mais M. de Las-Cases
avait fait de son côté les mêmes réflexions. Il avait
pensé qu'il serait plus utile à Napoléon en Europe

qu'à Sainte-Hélène, en dénonçant les traitements que subissaient les exilés. Il était fort inquiet aussi de l'état de santé de son fils, qui souffrait du climat des tropiques, et n'accepta point la grâce que lui offrait sir Hudson-Lowe. On ne lui permit pas de voir Napoléon, à moins que ce ne fut devant témoins, ce qu'il refusa, mais il lui fit parvenir les motifs de sa résolution, ainsi que plusieurs objets dont il était dépositaire, et fut embarqué dans les derniers jours de décembre 1816, après dix-huit mois passés auprès de Napoléon, dont une année à Sainte-Hélène.

Napoléon fut très affecté du départ de M. de Las-Cases. C'était de ses compagnons d'exil celui qui avait l'instruction la plus variée, et qui par sa connaissance de l'anglais lui rendait le plus de services, outre qu'il était d'un caractère très doux quoiqu'un peu susceptible. Sans méconnaître que le désir de dénoncer à l'Europe les traitements infligés aux captifs de Sainte Hélène était entré pour beaucoup dans son refus de revenir à Longwood, Napoléon ne se dissimulait pas non plus que sa santé, et surtout celle de son fils, avaient contribué à sa détermination, et il voyait clairement que tantôt les ombrages du gouverneur, tantôt le climat, tantôt les devoirs de famille, diminueraient successivement la petite société qui l'avait suivi, et dont la présence peuplait de quelques visages amis son affreuse solitude.

Malgré sa réclusion absolue, Napoléon reçut quelques Anglais à l'époque du retour en Europe de la flotte des Indes. Ce moment était celui d'une véritable fête à Sainte-Hélène, car les bâtiments venant de cette destination lointaine prenaient des vivres frais à James-Town, y laissaient de l'argent ou des marchandises, et animaient un instant la solitude profonde de ce rocher perdu au milieu de l'Océan. Naturellement la curiosité de voir Napoléon était extrême chez les voyageurs de toute condition, et d'autant plus vive qu'ils avaient plus de culture d'esprit. De grands dignitaires, des magistrats, des savants, pas-

sagers sur la flotte des Indes, se mettant au dessus
des mesquines prescriptions de sir Hudson-Lowe,
s'adressèrent directement au grand Maréchal pour
obtenir l'honneur d'être présentés à Napoléon. Dans
le nombre on compta lord Amherst et plusieurs per-
sonnages distingués. Napoléon les admit auprès de
lui, se .montra plein de calme, de douceur, de bonne
grâce, et s'entretint longuement avec eux, tantôt des
Indes, tantôt des affaires anglaises elles-mêmes, et
toujours avec sa supériorité d'esprit accoutumée. Les
plus importants lui demandant ses messages pour
l'Europe, il leur répondit avec une noble resignation :
Je ne vous charge de rien. Rapportez à vos ministres
ce que vous avez vu. Je suis ici sur un rocher, qu'on
a rendu pour moi plus étroit encore que la nature ne
l'avait fait, et sur lequel je ne puis pas même me
promener à cheval, après avoir été à cheval toute ma
vie. J'habite sous un toit de planches où je suis tantôt dévoré par la chaleur, tantôt envahi par une humidité pénétrante. Je ne puis en sortir sans être en-
touré de sbires par un geôlier impitoyable. Je ne puis
ni écrire à ma famille, ni recevoir de ses nouvelles
sans avoir ce geôlier pour confident. On m'a ôté
déjà deux de mes compagnons, et Dieu sait si on me
laissera ceux qui me restent ! Si on voulait ma mort,
il eût été plus noble de me traiter en soldat comme
l'illustre Ney. Si ce n'est pas cela qu'on veut, qu'on
me donne de l'air et de l'espace. Qu'on ne craigne
pas mon évasion. Je sais qu'il n'y a plus dans le
monde de place pour moi, et que mon seul avenir
est d'expirer dans vos fers. Mais la question est de
savoir si, en y demeurant, j'y serai à la torture. Au
surplus je ne demande rien ; que ceux qui auront
vu ma situation, et que leur cœur portera à la faire
connaître, le fassent. Je ne les en prie même pas.

Du vieux Longwood, les pèlerins se rendirent à la
nouvelle maison.

A droite du principal édifice on remarquait la maisonnette qu'habitaient les généraux de Montholon et

le baron de Gourgaud. La façade de cette maison
était située au N. E., et avait cinq portes d'entrée et
deux grandes fenêtres au deux ailes. Une belle varan-
gue précédait l'entrée des appartements. La première
salle, destinée au billard, est très vaste. Le salon de
compagnie est à gauche de cette première pièce. Sur
la droite était le cabinet de lecture. Un petit salon de
repos faisait suite à cette pièce. Puis venaient le cabinet de toilette et la salle du bain. La salle destinée
au repas du matin se trouvait en face la salle de billard et à la suite un microscopique jardin. Quand à
la salle à manger, proprement dite, elle était en com-
munication par un étroit corridor, avec celle des dé-
jeuners. En venant vers la gauche, c'est dans la cui-
sine du nouveau Longwood qu'on a pris la pierre
qui a servi à couvrir la tombe du Héros.

Au devant de cette maison, un grand arbre cou-
vrait de ses rameaux protecteurs une partie du terrain. Le lieutenant Younge nous dit que c'était
l'*Araucaria Imbricata*.

Il faut dire à la louange de notre cicerone, que le
général Dallas nous avait donné comme *surveillant*,
ne nous surveillait pas trop. Souvent même il sor-
tait, alors que nous parcourions l'intérieur des appartements. Il est plus que probable que les réflexions
que chacun de nous faisait à haute voix, ne devaient
pas être de son goût, et il préférait nous laisser que
d'entendre nos jérémiades contre Hudson Lowe et le
gouvernement inquisitorial de l'Angleterre.

A une heure et demie, nous quittâmes cette nouvelle maison à laquelle on a osé donner le nom
trompeur et ironique de palais.

La montée que nous avions été obligés de franchir
pour atteindre le sommet de Longwood est pénible ;
mais la descente est facile, aussi mîmes-nous peu de
temps pour arriver à la Vallée du Tombeau.

Il était environ deux heures quand nous descendîmes de voiture pour prendre la petite route qui
conduit au vallon.

En arrivant au devant de la grille en bois qui entoure la tombe du grand Empereur, nous examinâmes la localité afin d'en pouvoir faire une description aussi exacte que détaillée. Cette grille contient un espace de terrain de soixante-quatre pieds en travers et de quatre-vingts pieds de large. En dedans de cette claire-voie, il existe une autre grille, mais en fer, qui entoure la pierre tombale. Les dimensions de celle-ci sont de quatorze pieds sur onze.

Quatre grands saules-pleureurs ombragent la tombe. Une trentaine de jeunes saules ont été naguères plantés, parmi lesquels se mêlent deux pêchers apportés d'Europe.

Du côté de la tête, on a mis deux lianes et aux pieds un autre de ces arbustes grimpants.

Une guérite est placée devant la porte de la claire-voie.

Un sergent anglais, commis à la garde de ce précieux dépôt, a sa petite maisonnette construite à cinquante mètres environ de la tombe.

Enfin, une source d'eau limpide, auprès de laquelle l'illustre captif venait quelquefois se désaltérer et se livrer à ses méditations, se trouve du côté opposé. Là, le gardien avait eu la bonne pensée d'y placer un verre, dans lequel les voyageurs se faisaient un vrai plaisir de venir goûter l'eau que Napoléon aimait tant

Le lieutenant Younge, dont nous n'avions qu'à nous louer, en raison de sa grande discrétion, s'était retiré dans la demeure du gardien.

Après avoir jeté un coup d'œil rapide sur le site qui nous entourait, notre compagnon, M. Deville, tira de sa poche un carré de papier qu'il déplia, en invitant l'assistance à s'approcher de la tombe. Dès que nous fûmes tous auprès de lui, nos fronts se découvrirent spontanément et nous mîmes nos genoux à terre, même les officiers anglais et les hollandais qui étaient partis avec nous de James-Town

Nous étions, dans ce moment, dix-huit personnes à prier pour l'âme du grand homme. Nos prières étaient si ferventes, que je ne doute nullement qu'elles ne soient arrivées au pied du trône de l'Eternel.

C'est au milieu du plus grand silence et du plus profond recueillement que M. Deville fit la lecture d'une pièce de vers qu'il avait composée pour la circonstance.

Cette ode, récitée avec l'accent convaincu, fit une telle impression parmi les pèlerins, que tous, sans exception, nous versâmes de larmes abondantes.

Mon père prit copie de cette poésie que je me plais à transcrire ici. Le lecteur comprendra aisément, en la parcourant, l'effet que produisit sur les auditeurs la lecture de cette pièce de vers, récitée par l'auteur avec un accent mâle et surtout convaincu.

SOUS LE SAULE DE SAINTE - HÉLÈNE

Quel est ce roc abandonné ?...
Où vont ces voiles fugitives ?...
L'Angleterre a donc pardonné ?
Non, le captif est sur ces rives !
Mais, tranquille, heureux désormais,
Il ne secouera plus sa chaîne.
Il dort, il dort et pour jamais
Sous le saule de Sainte-Hélène !

Il mesura de son regard,
Et les déserts de l'Arabie,
Et les rochers de Saint-Bernard,
Et les glaçons de la Russie !
L'univers qu'il a parcouru
Semblait devenir son domaine.
Tant de grandeur a disparu
Sous le saule de Sainte-Hélène !

Il vit, rangés devant ses pieds,
Ces rois si grands dans son absence,
Et sur leurs trônes foudroyés
Il fit placer l'aigle de France.
Tant qu'il put d'un nouvel essor
Menacer l'Europe incertaine,
Il les faisait trembler encor
Sous le saule de Sainte-Hélène !

Vous, dont il fit couler des pleurs,
Mères, qui maudissez sa gloire !
N'a-t-il pas par tant de malheurs
Absous d'avance sa mémoire /
Qu'il puisse enfin se reposer !
Pour les morts il n'est plus de haine !
Pourriez-vous encor l'accuser
Sous le saule de Sainte-Hélène !

Lui, qui brillait comme un flambeau
Au front de la colonne altière,
A ses pieds il veut un tombeau,
Non dans cette île meurtrière !
C'est aux Anglais qu'est ce rocher,
C'est à nous ce grand capitaine ;
Un vieil ami l'ira cherchr
Sous le saule de Sainte-Hélène !

Cette cérémonie terminée et au moment où chacun de nous se relevait, nous vîmes paraître le lieutenant Younge et le gardien du tombeau. L'un et l'autre comprirent bien vite que nous venions d'adresser une fervente prière aux mânes de l'illustre défunt.

— Il est vrai, Monsieur, lui dit mon père en lui racontant la scène imposante qui venait d'avoir lieu.

— Je regrette profondément mon absence, Monsieur. Il m'aurait été très agréable d'assister à cette cérémonie et je ne puis que vous répéter à tous, Messieurs, que je suis douloureusement affecté d'avoir manqué une telle occasion pour vous prouver combien je suis un admirateur passionné de votre grand et immortel Empereur.

Dès que le brave lieutenant eut achevé sa phrase, on se précipita vers lui, chacun lui serra les mains et il y eût en ce moment une véritable scène d'attendrissement.

— Sergent, dit mon père en se tournant vers le gardien, sergent, voulez-vous nous autoriser à prendre quelques tiges de ces saules pleureurs ?

— Je n'ai aucun ordre de défense pour cela, Monsieur ; vous pouvez donc emporter avec vous ces marques de souvenir. Seulement, c'est moi seul qui ai le droit de vous distribuer ces branches.

— Je comprends fort bien votre intention, Monsieur ; car si on permettait aux nombreux visiteurs qui viennent chaque jour prier sur cette tombe, il y a cent à parier que ces arbres seraient vite dépouillés.

D'ailleurs, c'était pour le gardien un moyen comme un autre de recevoir une gratification et de se faire un gros revenu. A mesure que le sergent faisait sa distribution de branches à chacun de nous, on lui remettait un schelling en dédommagement de sa peine.

— Ces saules, demanda mon père au lieutenant Younge, doivent être une source de revenus considérables pour ce gardien.

— Certainement ; mais, je ne dois pas vous laisser ignorer que chaque année le gouverneur en nomme un nouveau.

— Le gouverneur a raison. Tous ces sous-officiers profitent de ce petit commerce et ils ont intérêt à prendre soin de ces arbres.

— C'est d'ailleurs ce qu'ils font. Vous devez voir par vous-même, Monsieur, que la vallée du Tombeau est mieux entretenue que la maison de Longwood.

— Cela saute aux yeux. Maintenant, sir Younge, une autre question. Vous m'avez dit ce matin que vous vous trouviez à Ste-Hélène du vivant de l'Empereur.

— Parfaitement, Monsieur.

— Avez-vous connaissance de certaines particula-
rités ayant trait aux derniers moments de l'Empereur.

— Certainement, Monsieur.

— Je serais bien aise alors d'apprendre par un
témoin oculaire des détails que nous ignorons complètement encore en Europe et vous seriez bien aimable de m'en faire la narration.

— Oh! très volontiers, Monsieur. Ces détails me
coûteront si peu que je les ai consignés jour par jour
sur un manuscrit que je compte livrer à la publicité
lors de mon retour en Angleterre

— Je vous écoute, Monsieur.

— C'est le 10 décembre 1815, que Napoléon quitta
Briars. Il fit ses adieux à l'excellente famille qui l'y
avait si bien reçue, lui laissa des marques de sa munificence, et partit à cheval, ayant d'un côté l'amiral
Cokburn, et de l'autre le grand maréchal Bertrand.
Il était vêtu de son uniforme de la garde. Ce trajet
parut ne pas lui déplaire et arriva à Longwood où
il trouva sous les armes le 55e régiment anglais qui
campait dans le voisinage.

L'Amiral lui présenta les officiers de ce régiment,
et puis le conduisit dans les appartements qui lui
étaient destinés.

La maison qu'occupait la famille Bertrand, construite non loin de Longwood, s'appelait Hutt's-Gate.

Je ne vous parlerai pas des cinq années que l'Empereur passa dans cette résidence. D'autres que moi
vous apprendront tous les faits qui y ont eu lieu. Je
ne vous ferai connaître que ses derniers moments.

— Dans la première quinzaine du mois de mars
1821, les premiers symptômes de la maladie se ma-
nifestèrent. Ce même jour l'abbé Buonavita, premier
aumônier de l'Empereur, et son compatriote, je crois,
quitta Longwood. M. Antomarchi, également son
compatriote, avait été l'accompagner à James-Town
afin d'assister à son embarquement pour France.

En sa qualité de chirurgien de la maison de l'Empereur, le docteur fut mandé en toute hâte à Long-

wood et dès qu'il fut au chevet de l'auguste malade, il le trouva endormi.

Le lendemain, 18, à sa visite ordinaire du matin, le docteur constata que le pouls du malade était naturel et régulier. Il ne voulut ajouter aucune foi à ce qu'on lui avait annoncé la veille à son retour de James-Town.

La journée fut bonne et dans la matinée du 19, le docteur, pendant sa visite, fut si rassuré sur l'état de son illustre malade, qu'il crut pouvoir s'absenter de nouveau.

Cependant, dans l'après-midi une nouvelle crise semblable à celle du 17 eut encore lieu. Dès lors, M. Antomarchi n'hésita plus. Il resta au chevet du lit de l'Empereur et demanda même à s'adjoindre le docteur Arnott, du 20me régiment d'infanterie alors en garnison dans l'Ile. Dans la soirée Antomarchi fit appeler auprès de lui les docteurs Shortt, Burton du 66e régiment anglais et Mathews-Levingston, médecin au service de la Compagnie des Indes.

Dès lors, le mal fit des progrès rapides, et la science mit tout en œuvre pour en arrêter le cours.

Pendant les quarante-deux nuits qui précédèrent la mort de l'Empereur, les soins les plus assidus, les plus attentifs, lui furent prodigués par tous ceux qui l'entouraient.

Vers le 2 mai, la nouvelle se répandit à James-Town que la fin de celui qui, pendant vingt ans, avait été l'arbitre souverain et le maître du monde, approchait

Cette nouvelle était prématurée ; car ce n'est que le 5 à six heures du soir, que Napoléon rendit sa grande âme à Dieu.

Sa figure d'une rare beauté, revenue à la maigreur de sa jeunesse, semblait avoir rendu à ceux qui la contemplaient le général Bonaparte dans toute sa gloire.

Ses dernières paroles, entre coupées par les moments lucides que lui laissait l'agonie furent · Mon fils ... l'armée... Desaix..

Le 6, à sept heures du matin, sir Hudson Lowe se transporta à Longwood et pénétra pour la première fois dans l'appartement où se trouvait le corps.

Le gouverneur était accompagné par le contre-amiral sir Lambert, du marquis de Montchenu, commissaire pour le roi de France, vieux royaliste entêté, prétendant que Napoléon était un scélérat, un démon bon à garder dans une cage de fer ; de M. Sturmer, représentant l'Autriche , et de quelques autres fonctionnaires du gouvernement Anglais.

Le grand mort avait la figure couverte par un linge blanc. Ces messieurs soulevèrent cet obstacle et après avoir considéré le visage de l'homme dont la destinée étonnante avait fait trembler l'Europe entière, ils se retirèrent.

A deux heures, le corps fut entièrement découvert, et en présence des docteurs Shortt, Arnott, Buston et Matthew-Livingstone, on procéda à l'autopsie.

Le docteur Antomarchi assistait également à cette triste opération, ayant à ses côtés les généraux Bertrand et Montholon.

Il fut reconnu que l'Empereur avait succombé à la suite d'un cancer à l'estomac. Napoléon, parait-il, avait dit souvent à son entourage qu'il mourrait de cette maladie comme étant héréditaire dans sa famille.

Le corps fut immédiatement embaumé et son cœur fut mis dans un verre en argent qu'on avait eu soin de remplir avec de l'esprit de vin.

L'inspection du corps révéla plusieurs blessures, quelques-unes très légères, et trois fort distinctes. De ces trois , la première était à la tête, la seconde au doigt annulaire de la main gauche, la troisième à la cuisse gauche, celle-ci très profonde, provenant d'un coup de baïonnette reçu au siège de Toulon. C'est la seule dont l'origine puisse être historiquement assignée. Des mesures prises et de la description exacte du cadavre, il résulte que Napoléon avait cinq pieds deux pouces, le corps bien proportionné dans toutes ses parties, le pied et la main remarquables par la régularité de leur forme, les épaules larges, la poitrine développée. le cou un peu court, mais portant ferme et droite la tête la plus vaste , la mieux conformée dont la science anatomique ait constaté l'existence, enfin un visage dont la mort avait respecté la beauté , dont les contemporains ont conservé un soùvenir ineffaçable, et dont la postérité, en la comparant aux plus célèbres bustes antiques, dira qu'il fut un des plus beaux que Dieu ait donnés pour expression au génie. (1)

Son aumônier, l'abbé Vignale qui lui avait été adressé par son oncle, le Cardinal Pesch, aidé des serviteurs de la maison, après avoir rendu à la dépouille mortelle du grand Empereur les devoirs prescrits par la religion catholique, le placèrent, revêtu de son uniforme vert, à plastron blanc et à parements rouges de colonel des chasseurs de la garde, sur un petit lit de camp, en fer, qui lui servait jadis dans ses campagnes, et qui, cette fois, lui tint lieu de lit de parade. Sa tête puissante était coiffée du petit chapeau légendaire avec lequel ses soldats aimaient à le voir les jours de batailles.

En outre de toutes ses décorations, il avait une étoile d'or sur le côté. Son aumônier lui avait mis un crucifix d'argent sur la poitrine. Son épée (2), celle qu'il avait portée à Austerlitz, avait été placée à son

(1) THIERS. — *Histoire du Consulat et de l'Empire.* Ste-Hélène. Livre LXII, page 215.

(2) Au moment de quitter le pont du *Bellorophon,* ancré sur la rade de Plymouth, pour monter sur celui du *Northumberland,* l'amiral Keith, avec un chagrin visible et le ton le plus respectueux, adressa ces paroles à Napoléon : « Général, l'Angleterre m'ordonne de vous demander votre épée. » A ces mots, l'Empereur répondit par un regard qui indiquait à quelles extrémités il faudrait descendre pour le désarmer. Lord Keith n'insista point, et Napoléon conserva sa glorieuse épée. (THIERS. — *Histoire du Consulat et de l'Empire.* Ste-Hélène. Livre LXII, page 51.

côté gauche, et l'on voyait à ses pieds ses bottes à l'écuyère garnies de leurs éperons d'or.

Sous son corps on avait placé le manteau de drap bleu, brodé en argent, qu'il portait à la bataille de Marengo et que Marchand avait emporté à Ste-Hélène.

La chambre mortuaire était tendue de drap noir. A la tête du lit on avait dressé un autel et là se tenaient le prêtre, le maréchal Bertrand, le comte de Montholon et ses serviteurs.

Les troupes en garnison à Sainte-Hélène, et j'en faisais partie, accoururent de tous les points de l'Ile. Elles étaient en grande tenue, mais sans armes. commandées pour défiler devant la dépouille mortelle du géant des batailles qu'elles gardaient peu d'heures auparavant.

Quant à mon régiment, le 20ᵐᵉ, chacun de nous s'approcha respectueusement et religieusement au pied du lit funèbre Tous, officiers, sous-officiers et soldats, sans distinction de grade, nous nous agenouillâmes et fîmes une courte prière en l'honneur du grand mort. Puis, en nous relevant nous embrassâmes avec respect le manteau de Marengo.

Je remarquais, appendu à la muraille de cet appartement funèbre, le portrait du duc de Reichstadt.

Et ajouta le lieutenant Younge. le docteur O'Méara. de qui je tiens ces détails, me fit connaître que c'était le Prince Eugène qui s'était procuré ce portrait peint d'après nature et l'avait envoyé à Napoléon, son beau-père, après l'avoir soigneusement caché au fond d'une caisse remplie de livres. Le docteur assistait à l'ouverture de la caisse et dès qu'on eut découvert le portrait, Napoléon s'en saisit avec transport, le contempla longtemps et le fit placer dans sa chambre de manière à l'avoir toujours sous les yeux.

C'est à la même place que je vis cette peinture du jeune roi de Rome.

Hudson-Lowe, ayant eu connaissance de l'exemple donné par le 20ᵐᵉ, voulut s'y opposer. Sa furie échoua devant le colonel de notre régiment qui lui fit cette fière réponse : « Napoléon est mort. La loi d'exception n'existe plus. J'ai le droit, maintenant, de faire promener mon régiment où bon me semble, et je le fais. »

Toutes les troupes de mer et de terre suivirent l'exemple du 20me et, malgré les ordres formels et réitérés du triste gouverneur, tous sans exception rendirent hommage au vaillant Empereur.

Son corps ne pouvant aller reposer sur la terre de France comme il en avait souvent manifesté le désir, et tant que les Bourbons occuperaient le trône, il fut décidé qu'il serait enterré dans cette vallée où il aimait à aller chaque jour respirer un air plus pur auprès de cette source limpide où chaque jour il dirigeait sa promenade.

Le corps fut mis dans un cercueil en plomb qui fut renfermé dans deux caisses en acajou. La dernière avait les coins en ébène et des vis en argent.

Conformément aux cérémonies militaires pour les honneurs à rendre à un général du plus haut rang, le côté gauche de la route de Longwood, jusqu'à l'endroit où devait être inhumé Napoléon, fut couvert de troupes. L'artillerie royale avait été placée sur la droite.

Un char funèbre fut construit pour cette lugubre cérémonie et il fut attelé de quatre chevaux caparaçonnés de deuil. On le fit passer processionnellement entre la haie des troupes.

Les musiques de nos régiments de terre et de mer suivirent le char en exécutant des airs funèbres.

Arrivées au lieu de la sépulture, les troupes se placèrent un peu au dessus de la vallée. A ce moment douze grenadiers s'approchèrent de la voiture de deuil, enlevèrent à bras le cercueil, qu'ils transportèrent dans la vallée par un étroit sentier.

Le cheval que l'Empereur montait à Ste-Hélène, conduit par deux domestiques, suivait le char.

Puis, l'on conduisit le corps dans la tombe et trois

décharges d'artillerie furent faites par onze pièce de canon.

Le grand Maréchal Bertrand s'avança sur le bord de la fosse, et, d'une voix émue, il prononça l'éloge funèbre de son maître et de son ami.

Ce fut ainsi que se terminèrent les derniers honneurs rendus à Napoléon.

Chacun de nous remercia le brave lieutenant Younge, des détails circonstanciés qu'il venait de nous donner, et le cœur plein de souvenir de ce que nous avions vu et entendu, nous reprîmes silencieusement la direction de James-Town où nous arrivâmes vers les cinq heures du soir.

Les équipages furent renvoyés, on régla la dépense du transport, et l'excellent lieutenant Younge, qui avait accompagné les pèlerins dans leur excursion à Longwood et à la Vallée du Tombeau, fut invité par nous à partager notre repas d'auberge, que ce jeune officier accepta de la meilleure grâce du monde.

A table, mon père demanda à M. Younge si le Colonel du 20ᵐᵉ était encore à Ste-Hélène.

— Mais, certainement, puisque moi qui fais partie de ce régiment j'y suis encore.

— Vous je le sais, puisque je vous vois ; mais votre Colonel aurait pu devenir général et changer de destination.

— C'est juste ; mais pour notre satisfaction personnelle, il reste jusqu'à nouvel ordre à la tête du 20ᵐᵉ, et c'est avec peine que notre régiment le verrait partir.

— Pourriez-vous me présenter à lui ?

— C'est chose facile. Le Colonel reste à deux pas de l'hôtel.

— Pouvez vous me conduire chez lui ?

— Très volontiers.

Mon père partit avec le lieutenant, me laissant sous la garde d'Azor.

Un quart d'heure après je vis arriver ces messieurs

au nombre de trois. Le nouveau personnage était le colonel que mon père venait d'inviter à dîner.

A table, la conversation roula presque toute entière sur l'excursion du matin et sur le séjour de l'Empereur à Ste-Hélène.

— J'entendis entre autres choses cette phrase typique sortie de la bouche du Colonel du 20°, et elle me frappa tellement que je me fais un plaisir et un devoir de la reproduire textuellement ici : Vous croyez, Messieurs les Français, être les seuls à regretter l'Empereur ? Détrompez-vous. Nous, anglais et soldats, nous le regrettons autant que vous ; car, Napoléon était pour nous un homme indispensable. C'est à lui que la plupart des militaires de toutes les nations doivent leur rapide avancement. Nous l'avons toujours considéré comme notre Providence et nous eussions bien voulu qu'il fut resté vingt ans de plus à la tête de ses armées. »

Et d'ailleurs, Messieurs, mes compatriotes, à n'importe quel titre et quels rangs ils appartinssent, estimaient et honoraient Napoléon. Vous allez en juger par les récits suivants : Un jour que l'Empereur s'était fort éloigné de Briars, il s'arrêta dans le modeste côtage de mon compagnon d'armes, le major Hudson. Il s'y montra doux et simple, fut accueilli avec respect, et sortit fort touché de la réception cordiale qu'on lui avait faite. Et pour retourner à Briars dont il s'était, comme je viens de vous le dire, grandement éloigné, le major Hudson se fit un véritable plaisir de prêter des chevaux à son hôte pour se rendre à son habitation.

Lord et Lady Holland, pendant la longue captivité de l'Empereur sur ce rocher, n'ont-ils pas eu pour lui les plus grandes prévenances en lui faisant parvenir, par tous les bâtiments venus d'Europe, tout ce qui pouvait être agréable à Napoléon.

Et le docteur O'Méara n'a-t-il pas aimé Napoléon comme un père ?

Lord et Lady Moyra, revenant de leur gouvernement

de l'Inde en s'arrêtant quelques jours à Sainte-Hélène, leur première visite ne fut-elle pas pour Napoléon, qu'ils estimaient et qu'ils honoraient ?

Pas un des officiers des 63me et 20me régiments anglais qui sont ici depuis le séjour de Napoléon n'a montré le moindre signe de haine envers ce grand homme. Tous avaient, et moi plus qu'eux, le plus grand respect et la plus grande admiration pour cet homme prodigieux.

Vous voyez bien, Messieurs, que les Anglais individuellement aimaient Napoléon. La politique a ses exigences ; mais néanmoins, je comprends que lord Batturst aurait pu donner des ordres moins sévères, et que sir Hudson Lowe aurait pu les suivre moins à la lettre... Mais ce sont là des exceptions...

— Qui néanmoins ont fait cruellement souffrir inutilement un homme, répondit mon père.

Après notre repas, nous fîmes servir le café ; et la soirée se termina par un punch que les hôtes de M. Eyers offrirent aux officiers anglais.

A dix heures, ces Messieurs prirent congé de nous tous et chacun de nous se fit un devoir de remercier chaleureusement le lieutenant Younge des bontés qu'il n'avait cessé d'avoir eu pour nous pendant notre excursion à Longwood et à la Vallée du Tombeau.

TROISIÈME PARTIE

Le troisième jour, il fut décidé d'un commun accord que nous partirions à midi pour Plantation-House.

C'est ce qui eut lieu.

A une heure. nous étions rendus devant cette maison des gouverneurs de Ste-Hélène. Notre compagnie s'srrêta au milieu d'un grand bois touffu, complanté d'arbres verts des tropiques.

Là, on fit halte.

Personne n'osa s'aventurer plus avant. N'étant pas munis d'une permission, nous allions rentrer en ville gros jeans comme devant, lorsque nous vîmes arriver du fond d'une allée un officier qui, en vrai gentleman, nous demanda si nous désirions visiter la résidence de S. E. le Gouverneur. Comme on le pense bien, notre réponse fut des plus affirmatives.

L'officier engagea très poliment notre petite Société à le suivre, ce qu'elle accepta sans trop se faire prier. Il eut la complaisance de nous faire parcourir les terrains attenants à la résidence, et nous demeurâmes convaincus que si le gouverneur d'alors avait donné à Napoléon cette demeure pour habitation, nul doute que ses jours n'auraient pas été abrégés comme il le furent à Longwood. Mais, le geôlier qui le tenait dans ses griffes, l'infâme Hudson Lowe, ne pouvait avoir une aussi généreuse et humanitaire pensée.

D'ailleurs, pour être tout à fait impartial, on ne doit pas faire retomber la faute de ce refus sur sir Hudson-Lowe. Le premier coupable fut lord Bathurst, ce ministre anglais, qui avait eu l'insouciance étrange de ne pas exiger de la compagnie des Indes l'abandon de Plantation-House, et sir Hudson Lowe, comme je viens de le dire n'avait pas assez de délicatesse dans l'âme pour offrir cette demeure à Napoléon. Il aima mieux la garder pour sa famille. Voici ce que dit d'ailleurs M. Thiers relativement à cette question : « Nous ne calomnions pas ici sir Hudson Lowe, qui dans une de ses dépêchés dit que s'il y avait eu dans l'île une habitation convenable pour lui et sa famille il se serait empressé de céder Plantation-House à Napoléon. C'est l'aveu qu'il faisait passer ses commodités personnelles avant celles de son prisonnier, qui certes aurait bien dû mériter la préférence sur le général Lowe et même sur sa famille, quelque intéressante qu'elle fut. »

L'officier qui s'était mis avec tant de bonne grâce à notre disposition nous déclina son nom. Il s'appelait Smith, et était premier lieutenant-aide de camp du gouverneur, l'honorable général Dallas.

Mon père, excité par la bienveillance toute gracieuse de sir Smith, lui demanda si nous ne pourrions pas visiter l'intérieur de Plantation-House.

— Cela m'est d'autant plus facile, Monsieur, que son Excellence est depuis ce matin partie pour une tournée dans l'île et elle ne reviendra que fort tard dans la soirée.

Et nous visitâmes cet intérieur où le confort européen a été répandu dans tous les appartements.

Notre tournée terminée nous prîmes congé de notre aimable cicerone et nous nous acheminâmes vers St-James Town où nous arrivâmes au moment où la cloche de l'hôtel Eyers annonçait le diner.

Le repas terminé, nous quittâmes la table et tous les convives dirigèrent leur promenade du côté du port.

Nous vîmes que depuis notre arrivée sur rade, huit navires de différentes nations étaient venus mouiller à côté de l'*Harmonie*.

Chaque jour c'est un va-et-vient de navires à Ste-Hélène. Les uns y relâchent par curiosité, les autres pour renouveler leurs provisions d'eau et de victuailles, d'autres pour débarquer des marchandises, d'autres enfin pour des réparations urgentes. Aussi, ce passage continuel de navires et de voyageurs procure des sommes considérables aux habitants de St-James Town. C'est à ce point que pendant notre séjour à l'hôtel Eyers, notre petite colonie laissa, d'après ce que me dit mon père, la somme ronde de cinq mille francs.

Et qu'on ne s'y trompe pas, Sainte-Hélène doit sa grande prospérité au Grand Mort qui dort dans son sein. Sans Lui, que serait cette île, perdue au milieu du vaste Océan Atlantique ? Rien !

Qui s'arrête à l'île de l'Ascension , sa voisine ? Personne. Pourquoi ? Parce que ce rocher n'a aucune légende. Et on passe auprès de lui indifférent.

Donc, Napoléon mort et enterré sur ce grain de terre qu'on nomme Ste-Hélène, est pour les habitants de St-James-Town une véritable source de prospérité, et, cela est d'autant plus vrai, que bon nombre de commerçants anglais y ont fait, en peu d'années, des fortunes colossales. Je n'en veux pour preuve que le prédécesseur de M. Eyers, Pertevres, qui s'est retiré en Angleterre avec cinquante bonnes mille livres de rentes gagnées en cinq ans, dès que l'Empereur fut mort.

Et M. Salomon ! ce marchand d'objets les plus curieux de la Chine et du Japon n'est-il pas en train de faire une fortune colossale. Celui-là, du moins, ne songe pas à retourner en Angleterre. Né à Sainte-Hélène, il mourra plus que millionnaire sur cet affreux rocher volcanique.

Nous voici à notre quatrième journée. Notre séjour à Sainte-Hélène allait bientôt finir.

Mon père mit à profit les quelques heures qui nous restaient encore à passer sur cet affreux rocher, à rendre des visites indispensables auprès du brave lieutenant Younge, du colonel du 20ᵉ, du lieutenant Smith et à quelques-uns des voyageurs de l'hôtel Eyers avec lesquels il s'était lié d'une façon assez intime.

Notre dépense de séjour fut réglée par Azor à M. Eyers, dont la note s'élevait à la somme de cinq cents six francs, et à midi nous quittâmes l'hôtel avec nos bagages.

En prenant place dans l'embarcation que le capitaine Perrée nous avait envoyée, nous saluâmes une dernière fois cette terre devenue à jamais célèbre.

A une heure, nous étions tous rendus à bord de l'*Harmonie*, contents et satisfaits de tout ce que nous avions fait et renfermant avec soin les précieuses reliques que nous avions recueillies dans les divers endroits que nous avions visités.

Dès que le pilote fut à bord, le capitaine Perrée commanda de mettre l'ancre à pic, de déployer les voiles, et l'*Harmonie* fila dans la direction du Nord, c'est-à-dire de la France.

EPILOGUE

—

L. rsque le Très-Haut laisse tomber, de sa main puissante, quelques uns de ces géants sur notre infime planète, il les élève bien haut au-dessus des autres mortels, leur donne la gloire, la puissance et les grandeurs. Napoléon fut un de ces grands géants choisis par Dieu pour servir d'exemple à ceux qui s'élèvent trop haut et qui tombent victimes de leur ambition. Il fut aussi un des hommes les plus prodigieux de tous les temps : un de ces héros qui laisse loin derrière lui tous les héros de l'antiquité et qui ne trouvera jamais d'égal dans l'avenir.

Dieu se servit de lui. pendant une période de vingt-cinq années, pour mieux régénérer les peuples de la vieille Europe. Mais, au bout de ce quart de siècle, Dieu pensa que la mission de cet homme extraordinaire était terminée et il le fit disparaître à l'âge où d'autres mortels commencent à se faire connaître.

Et que fit Dieu pour atteindre ce but ? Il fit soulever contre le géant tous les souverains et tous les peuples de l'Europe qui, jadis écrasés par lui, finirent par l'anéantir.

Néanmoins le nombre incalculable des ennemis qui poursuivirent Napoléon ne seraient pourtant pas parvenus à le terrasser, si la trahison ne fut venue s'en mêler. La plupart de ces hommes, tous partis de bas, qu'il avait élevés si haut, soulevèrent contre lui tous les esprits inquiets et firent cause commune avec l'étranger. Et malgré toutes les conspirations et toutes les embûches, malgré la cohésion des souverains ennemis acharnés à sa perte, Napoléon n'aurait jamais été vaincu si la main puissante de Dieu n'était venue s'appesantir sur lui.

Des coupables ! il y en eut beaucoup après la désastreuse campagne de Russie ; mais, je me bornerai à n'en faire connaître que trois, qui, malgré les bontés de leur maître, le trahirent comme Judas trahit Jésus.

Le premier fut Talleyrand, ce cadet de famille noble, qui fut destiné à l'état ecclésiastique. Devenu, plus tard Evêque d'Autun, il célébra la messe de la fédération au Champ de Mars et se fit commerçant à New-York.

Revenu en France, sous le Directoire, Barras le nomma ministre des relations extérieures. Talleyrand eut bien vite refait sa fortune ; mais, il manœuvra avec si peu de ménagement qu'il fut dénoncé comme concussionnaire et révoqué de ses fonctions.

Sous le Consulat, il agit de telle sorte qu'il parvint à se mettre dans les bonnes grâces du général Bonaparte, et par un bref du Pape Pie VII, il fut rendu tout entier à la vie séculière. C'est alors qu'il épousa par ordre imposé du Premier Consul, Madame Grand avec laquelle il vivait maritalement depuis de longues années.

A l'avènement de l'Empire, Napoléon lui conféra le titre de grand chambellan et plus tard celui de Prince de Bénévent. Cette principauté avait comme apanage un revenu de cent cinquante mille francs par an qui, ajouté à celui de son ministère, portait son budget annuel à la somme énorme alors, de cinq cent mille francs. Malgré tous ces titres, tous ces honneurs et toutes ces largesses, rien n'empêcha le rusé diplomate de se mettre en rapport avec les Bourbons dès le commencement de l'année 1813, bien qu'il fît partie du Conseil de régence présidé par l'Impératrice Marie- Louise.

Puis, il conspira contre la branche aînée en faveur de la branche cadette des Bourbons ; et lorsque celle-ci se fut emparée du trône, Talleyrand fut envoyé à Londres en qualité d'ambassadeur.

Ce traître, ce parjure mourut le 18 mai 1838 dans sa quatre-vingt-quatrième année, honni et conspué par les honnêtes gens.

Le second personnage qui contribua largement à la chute de Napoléon fut l'oratorien le conventionnel le régicide Fouché. Après le retour d'Égypte et sous le Consulat, Fouché fut nommé ministre de la police, et en cette qualité il rendit de grands services à Napoléon ; mais le héros d'Aboukir manifestait une invincible répugnance pour cet homme à face livide.

Le Premier Consul supprima le ministère de la police et nomma Fouché, sénateur de la sénatorerie d'Aix.

Lorsque le Grand homme songea à placer la couronne impériale sur sa tête, il crut devoir appeler de nouveau l'ancien ministre de la police. Fouché fut réinstallé dans ses fonctions, en 1804, puis il fut nommé ministre de l'intérieur et, enfin, l'Empereur toujours plein de bonté et de munificence envers ses serviteurs, conféra à ce traître le titre de duc d'Otrante.

Sous la Restauration, quoique régicide, Louis XVIII l'appela à son conseil et lui rendit le département de la police. Puis, conspirant contre ses nouveaux maîtres, il ne tarda pas à être chassé de France et alla mourir à Trieste en 1820, dans l'isolement et l'abandon.

Le troisième qu'il me reste à citer est Marmont que l'Empereur avait fait maréchal de France et duc de Raguse. De même que Talleyrand et Fouché il trahit son bienfaiteur. Son inaction pendant la bataille de Waterloo démontre surabondamment ses liaisons avec les ennemis de la France. Comme pour Talleyrand et

Fouché la postérité s'est chargée de stygmatiser l'indigne conduite de Marmont.

Citerais-je encore un quatrième personnage. Il y en eut tant et tant à cette époque de trouble politique et moral que la nomenclature en serait trop longue. Néanmoins, je ne puis résister à l'impression que je ressens chaque fois que le nom de Chateaubriant me vient à la pensée. Cet illustre écrivain, qui fut tour à tour ministre et ambassadeur des Bourbons de la branche aînée, porta jusqu'aux nues le géant des Pyramides et de Marengo ; puis le traîna dans la boue, en publiant, en 1814, un pamphlet indigne d'une plume française (1). Cet infâme libelle eut plus d'influence que toutes les armées coalisées de l'Europe. Les millions de baïonnettes, tournées vers la France et son vaillant chef, ne firent jamais autant de mal que cet écrit sorti de la cervelle d'un français (2).

Et cependant, il y eut après Chateaubriant, des folliculaires qui ont osé écrire d'horribles pamphlets publiés contre l'Empereur, en Angleterre; et Napoléon, calme et serein, parcourait la série des grandes calomnies dont il avait été l'objet. — « A entendre mes ennemis, disait-il, c'était moi qui avais assassiné Kleber en Egypte, brûlé la cervelle à Desaix à Marengo, étranglé Pichegru dans son cachot... Kleber, s'écriait-il, Desaix, Pichegru !... Je faisais un cas immense de Kleber malgré ses défauts. Il aimait beaucoup trop les plaisirs, et avait quelquefois un dangereux laisser-aller, mais il était passionné pour la gloire des armes et sur le champ de bataille il se montrait homme de guerre du premier ordre. Sa mort m'a fait perdre l'Egypte, et je l'aurais assassiné !...

(1) De Buonaparte et des Bourbons.

(2) Quand un écrivain de la valeur de M. de Chateaubriand a eu la gloire d'enfanter le *Génie du Christianisme* et autres chefs-d'œuvre, il n'appose pas son nom au bas d'un pamphlet inique, injuste, odieux. C'est abaisser son caractère.

(Note de l'auteur.)

Desaix était un ami, c'est l'homme qui m'a le plus aimé et que j'ai le plus aimé. Son arrivée a sauvé la bataille de Marengo, et je l'aurai frappé au moment d'un service qui m'en promettait tant d'autres !...

Pichegru était peut-être le mieux doué des généraux de la République sous le rapport de l'intelligence. Il avait été l'un de mes maîtres à Brienne, et j'en avais conservé un tel souvenir que jamais je n'ai pu me défendre à son égard d'un sentiment de profonde commisération. Pourtant il avait commis à la tête de son armée des actes criminels, pour lesquels Moreau l'avait dénoncé... Ah ! le malheureux... Il s'était fait assez de tort à lui-même sans que j'eusse à m'en mêler, et c'est parce qu'il le sentait qu'il avait voulu détruire sa personne après avoir détruit sa gloire. Eh bien, c'est moi qui les avait frappé tous les trois ! Le trait essentiel de la calomnie ce n'est pas seulement d'être méchant, c'est d'être absurde. La méchanceté est une passion si violente qu'elle aboutit bien vite à la stupidité. Quand on est jeune, ardent, fier, on bondit en apprenant ce qu'elle dit et on se révolte. Avec le temps on s'y fait et on ne souhaite plus qu'une chose, c'est que la calomnie dépasse toutes les bornes, car alors c'est elle qui vous justifie et vous venge. »

Napoléon prenait un à un les actes les plus défigurés de sa vie, notamment le prétendu empoisonnement des pestiférés de Jaffa et les réduisait à la vérité. Pour ce qui s'était passé à Jaffa, il disait que « forcé de battre en retraite et ne pouvant emmener, sans donner la peste à l'armée, une vingtaine de pestiférés dont les Arabes allaient couper la tête, il avait dit à Desgenettes qu'il serait peut-être plus humain de leur administrer de l'opium. A quoi celui-ci avait spirituellement répondu que son métier était de les guérir et non de les tuer. Mais il ajoutait que presque tous étaient morts avant qu'on eut décampé, que cinq ou six au plus étaient restés, lesquels n'avaient point avalé d'opium, et que les propos indignes colportés à ce sujet avaient été l'œuvre d'un infirmier chassé de l'armée pour avoir fraudé des médicaments »

Napoléon traitait donc avec une hautaine tranquillité ces atroces calomnies.

Parmi les livres apportés à Ste-Hélène, dans la dernière année de sa vie, Napoléon y avait trouvé quelques pamphlets du temps et qu'on avait supposés propres à l'intéresser. Dans le nombre se trouvait le Dictionnaire des Girouettes qui. après 1815, avait obtenu un grand succès en France. Après avoir parcouru quelques pages de ce libelle, Napoléon le rejeta avec dégoût, en disant : « Tout cela est faux et injuste. Non, ces hommes ne m'ont pas *trahi*, ils m'ont *abandonné*. Il y a moins de traitres que ce que l'on croit, et il y a en revanche quantité de gens faibles, vaincus par les circonstances cent fois plus fortes qu'eux .. Fouché est le seul vrai traitre que j'aie rencontré. Marmont lui-même, le malheureux Marmont, qui m'a fait plus de mal que Fouché, n'était pas un traitre. La vanité, l'espérance d'un grand rôle. l'ont séduit, et il a cru en m'abandonnant, en m'ôtant les moyens d'accabler la coalition dans Paris, sauver la France d'une affreuse catastrophe. Mais il ne m'a pas trahi comme Fouché. »

Et après un tel langage les détracteurs persisteront à dire que Napoléon n'était pas indulgent !

Et quand ses familiers de Ste-Hélène demandaient humblement au grand vaincu comment, en 1815, reconnaissant que Fouché le trahissait, il l'avait laissé faire :

— La question ne dépendait pas, répondit-il, de la conduite d'un homme, quelque important qu'il fût. Elle dépendait d'une bataille gagnée ou perdue, et si avant cette épreuve décisive j'avais fait un éclat tel que de mettre Fouché en accusation, j'aurais ébranlé mon gouvernement. Je devais patienter, attendre, en laissant voir à Fouché que j'avais les yeux ouverts. Il s'est vengé de mon indulgence méprisante, mais après Waterloo, même sans un homme aussi dange-

reux que Fouché, j'étais perdu..... Les traitres sont
plus rares que vous ne le croyez. Les grands vices,
les grandes vertus, sont des exceptions. La masse des
hommes est faible, mobile parce qu'elle est faible,
cherche fortune où elle peut, fait son bien sans
vouloir faire le mal d'autrui, et mérite plus de com-
passion que de haine. Il faut la prendre comme elle
est, s'en servir telle quelle, et chercher à l'élever si
on le peut. Mais soyez en sûrs, ce n'est pas en l'acca-
blant de mépris qu'on parvient à la relever. Au contraire, il faut lui persuader quelle vaut mieux quelle
ne vaut, si on veut en obtenir tout le bien dont elle
est capable. A l'armée, on dit à des poltrons qu'ils
sont des braves, et on les amène ainsi à le devenir.
En toutes choses il faut traiter les hommes de la
sorte, et leur supposer les vertus qu'on veut leur
inspirer...

— Les deux hommes qui ont le plus contribué à
me perdre, disait encore l'Empereur, c'est Marmont,
en 1814, en m'ôtant les forces avec lesquelles j'allais
détruire la coalition dans Paris, et Fouché, en 1815,
en soulevant la Chambre des représentants contre
moi. Les vrais traitres, s'il y a eu des traitres qui
m'aient perdu, ce sont ces deux hommes !

Et certes, l'Empereur se connaissait en homme, et
lorsqu'il se montrait à l'égard de Fouché, Talleyrand
et Marmont, si bon, si indulgent il mettait à nu sa
belle et grande âme, mais heureusement que l'histoire a pensé tout autrement et la postérité a flagellé
ces trois personnes du stigmate infâmant de traitres.

Que n'a-t-on pas écrit depuis un quart de siècle
sur cet homme extraordinaire. Ses admirateurs,
même ses détracteurs, le représentent comme le plus
grand Capitaine des temps anciens et modernes.
Tous, le comparent à Alexandre et à César ; mais
beaucoup, et je suis de ceux-là, le mettent au-dessus
de ces deux grands guerriers. Je ne puis mieux le
comparer qu'à ces envoyés de Dieu qui nous appa-
raissent tous les vingt siècles. Cela est tellement vrai,

que dans une de ses conversations intimes, le roi Louis-Philippe, à qui on demandait quels étaient selon lui les plus grands hommes dont les faits l'avaient le plus frappé, ne se fit pas scrupule de répondre spontanément : « Jésus-Christ et Napoléon, dont les noms iront en grandissant à la postérité la plus reculée. »

Comme Moïse et Jésus-Christ, Napoléon a rempli l'Univers de ses merveilles. Comme eux, il a été législateur, et législateur profond. Comme eux, il a été adoré par tous ceux qui l'ont approché ; comme eux, il a eu des apôtres, et comme eux, enfin, il a porté sa couronne d'épines après avoir uni son front de deux couronnes d'or et de pierreries.

Ste-Hélène était faite pour son martyr et pour lui servir de tombeau.

« Les tireurs d'horoscopes, qui refont l'histoire à cinquante ans de distance, n'ont jamais compris qu'un homme comme Napoléon ne pouvait être qu'un évènement apporté, créé par les évènements, et que les évènements, plus forts que lui, devaient emporter, mais dont la grande existence, à quelque point de vue qu'on se place, ne lassera jamais l'admiration des hommes et de la postérité (1).

Vainement les partis se sont efforcés de flétrir ce grand nom ; les calomnies n'ont servi qu'à le graver plus profondément dans le cœur du pays. Désormais, l'identification de Napoléon et de la France est complète. Ainsi qu'il le disait à son retour de l'île d'Elbe, en s'adressant au peuple et aux soldats : « Mon existence ne se compose que de la vôtre ; mon intérêt, mon honneur, ma gloire ne sont autres que votre intérêt, votre honneur et votre gloire. »

Le peuple et l'armée un instant abusés feront voir bientôt qu'ils gardaient religieusement dans leur cœur leur vieille affection pour ce grand nom de Napoléon.

(1) Savinien Lapointe, Octobre 1878.

Marseille. — Imp. Générale, J. Doucet, rue Chevalier-Rose, 1.